東京十社が秘めた物語

島田裕巳

GB

東京十社が秘めた物語◆目次

三 亀戸天神社

六 日枝神社

七 品川神社

八 富岡八幡宮

九 赤坂氷川神社

十 芝大神宮

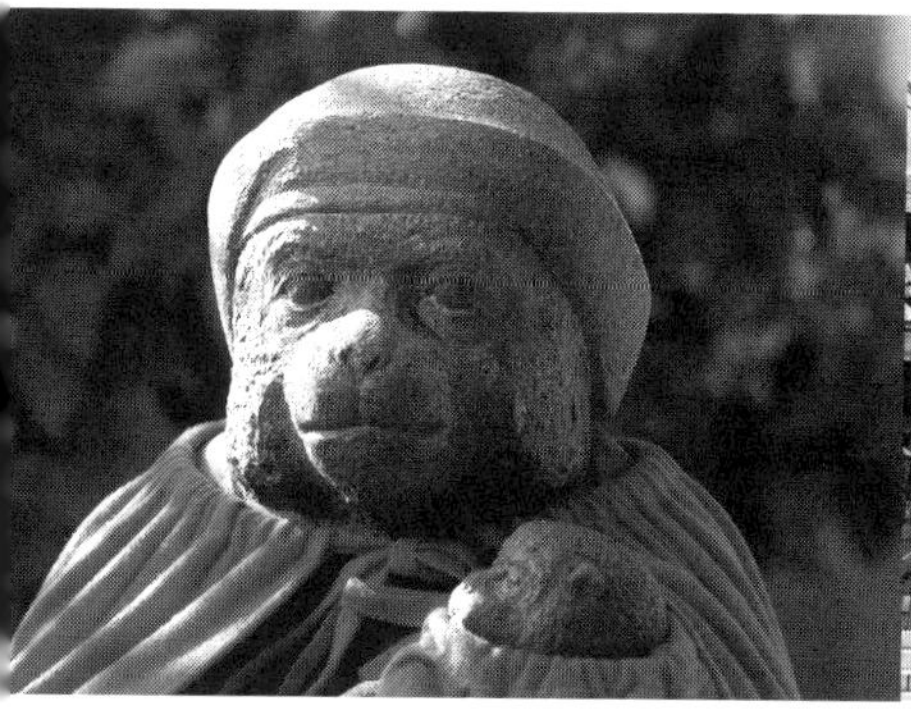

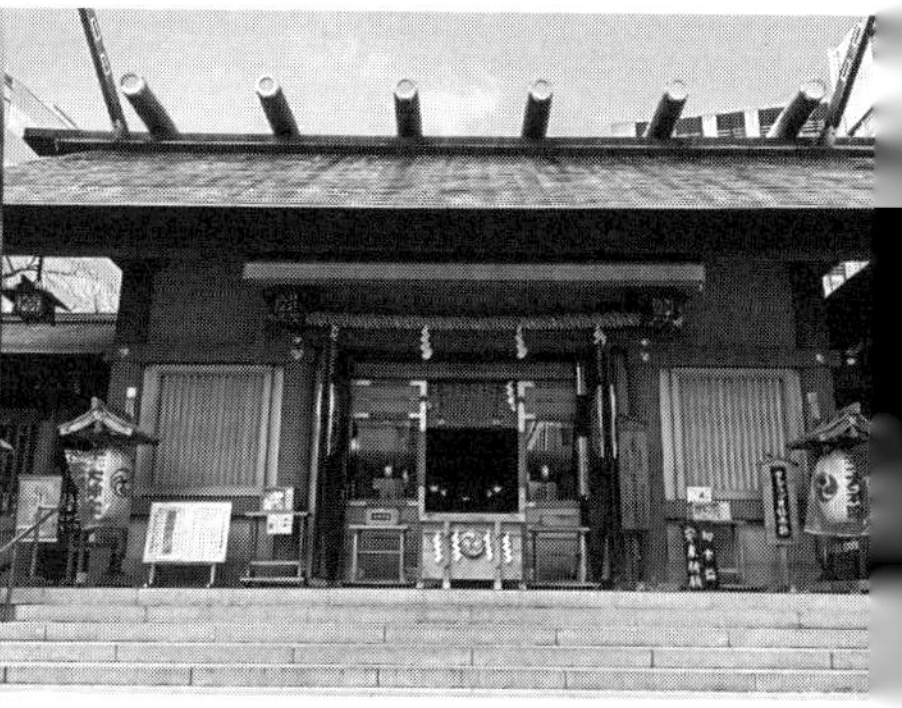

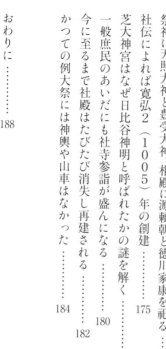

はじめに

「東京十社」とは、東京都内の主だった神社をめぐる巡礼路である。

その歴史は、明治のはじめに遡る。

神社は古代から朝廷（今日の皇室）と密接な関係を持ってきた。国の平安を願うために、朝廷は有力な神社に奉幣《ほうへい》を捧げてきた。延長5（927）年に定められた『延喜式《えんぎしき》』の第9巻と10巻は、そうした神社の一覧になっており、『延喜式神名帳《じんみょうちょう》』と呼ばれる。そのなかに含まれる神社は、「式内社《しきないしゃ》」とも呼ばれ、朝廷から重視されてきた。

現在では憲法によって政教分離の原則が確立され、政治と宗教のあいだには厳格な区別が求められている。だが、近代以前の社会では、両者は密接に関係し、神仏を祀ることは政治の重要な課題になっていた。

災害が起こったり、疫病が流行したりしたとき、今日ではさまざまな対策が施されるが、昔はその手立てが十分にはなかった。もっとも有力な手立てが神仏に祈りを捧げることで、式内社に奉幣を捧げることが重視された。

しかし、次第に経済的な理由から多くの式内社に奉幣を捧げることが難しくなる。中世になると、畿内を中心とした「二十二社《にじゅうにしゃ》」が定められ、伊勢神宮をはじめとする22の神社に奉幣が捧げられるようになった。この二十二社については、拙著『二十二社　朝廷が定めた格式ある神社22』（幻冬舎新書）で詳しく解説したので、そちらを参照していただきたい。

二十二社の制度も次第に形骸化し、時代が明治に変わると、意味をなさなくなった。明治政府は、古代の社格制度にならい、新たな社格制度を確立するようになるが、それに先立って明治元（１８６８）年10月12日、明治天皇は大宮の氷川神社を「勅祭社《ちょくさいしゃ》」と定めている。

翌13日は、江戸城が東京城と改称され、天皇の住まいである皇居と定められ、明治天皇も東京に到着している。同月28日には、氷川神社に参拝し、自ら祭祀を行っている。氷川神社が選ばれたのは、当時、東京を含む地域は武蔵国で、その一宮だったからである。これ以降は、氷川神社には勅使が奉幣をするようになるが、明治天皇もこれ以降2度行幸している。

廃藩置県によって、その年の5月12日には「江戸府」が設置され、それは、7月17日に「東京府」に改められた。当初の東京府は、現在にあてはめれば、千代田・中央・港・文京の各区全域と、新宿・台東・墨田・江東各区の一部地域に相当する。

勅祭社の方は、その後増えていき、賀茂神社や石清水八幡宮、春日大社などの有力な官幣大社、靖国神社のような別格官幣社が含まれるようになっていく。

東京十社成立の経緯

勅祭社に準じる形で、明治元年11月8日には、東京府内外の12社が「准勅祭社《じゅんちょくさいしゃ》」に定められた。そこに含まれているのが東京十社で、他に現在の府中市の大国魂神社、埼玉県久喜市の鷺宮神社が選ばれた。ただ、明治３（１８７０）年９月１日には、准勅祭社の制度は廃止され、それぞれの神社は、近代の社格制度にもとづいて府県社や郷社となった。

その点で、准勅祭社としての歴史はごく短いもので、そこには、明治政府の神社に対する政策がまだ十分には固まっていなかったことが示されている。

しかし、准勅祭社に定められたそれぞれの神社が、とくに東京府内外において重要なものであったことは間違いない。

そうしたことから、昭和50（１９７５）年、昭和天皇即位50年ということで、東京23区内の十社をめぐる「東京十社めぐり」が企画された。その10社をあげれば、次のようになる。なお順番は、専用の御朱印帳として頒布されている『御朱印帳　東京十社めぐり』の掲載順に従った。

根津神社（別名は根津権現。以下同様）
神田神社（神田明神）
亀戸天神社（東宰府　亀戸天満宮）
白山神社
王子神社（王子権現）
日枝神社（山王さま）
品川神社
富岡八幡宮（深川八幡）
氷川神社（赤坂氷川神社）
芝大神宮（芝神明さま）

別名も御朱印帳の記載に従ったが、これから述べていくように、他にも存在している。
東京23区内にある神社として、もっとも境内が広いのが明治神宮で、それに次ぐのが靖国神社である。ただし、明治神宮は、明治天皇夫妻を祭神とするもので、その創建は大正9（1920）年と新しい。靖国神社も、明治2（1869）年に東京招魂社としてはじまり、靖国神社への改称は明治12（1879）年のことだった。どちらの神社も、准勅祭社が定められたときには、鎮座していなかった。

その点では、東京十社は、明治のはじめにおける東京府内の有力な神社を網羅していることになり、その信仰は現在にまでしっかりと受け継がれている。

重要なのは、それぞれの神社の基盤が江戸時代に確立されたことで、江戸が東京へと変貌していくなかで、地域社会の核として機能してきたことである。

江戸・東京は、京都や奈良、あるいは大阪に比べれば、その歴史は浅い。江戸時代に、徳川幕府が誕生するまで、東国の未開拓な地域に過ぎなかった。それが400年以上の年月を経ることで、世界でも有数の国際都市東京へと発展してきた。

世界から訪れる観光客も、日本にしかない神社を訪れることを楽しみにしている。東京十社は、そうした東京観光の一つの目玉にもなるものである。

東京都民にとっても、東京十社をめぐることは、自分たちの住む地域の歴史と文化を再確認することでもある。是非、このガイドを手に、東京十社をめぐってほしい。

一

根津神社

東京十社が
秘めた物語

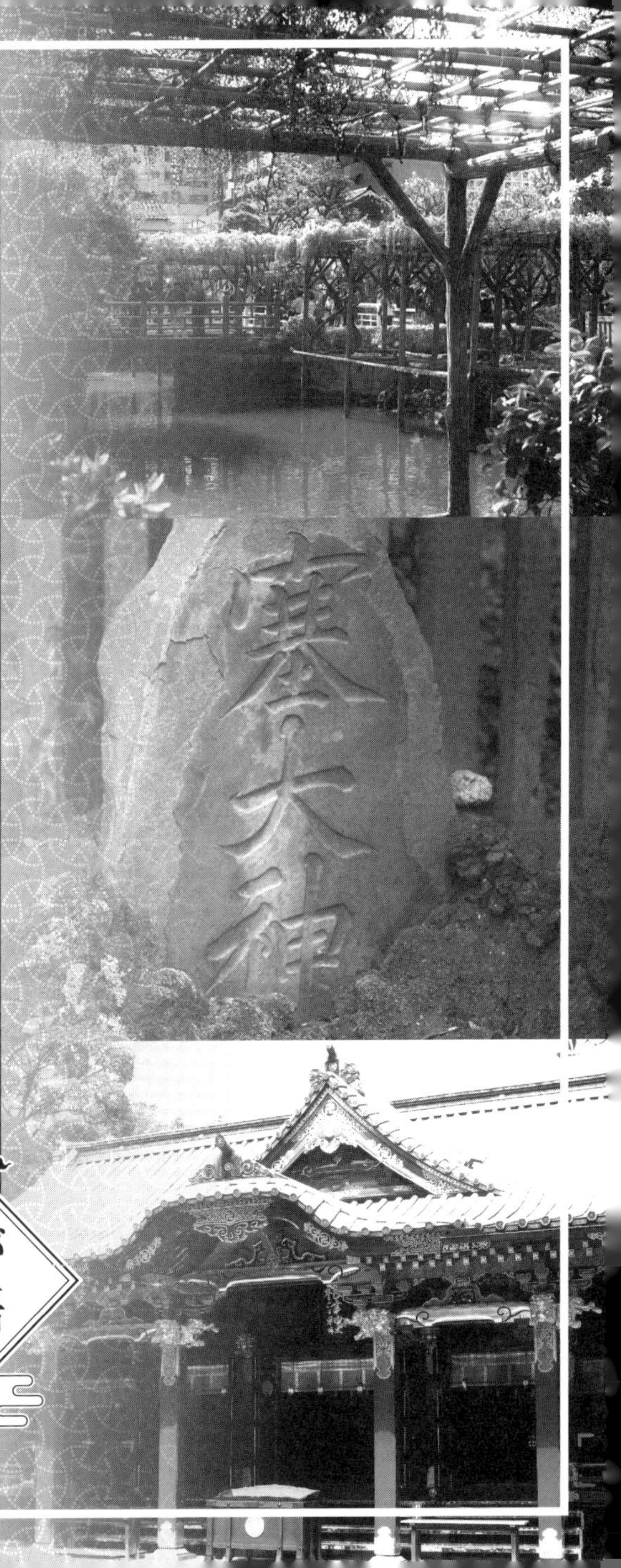

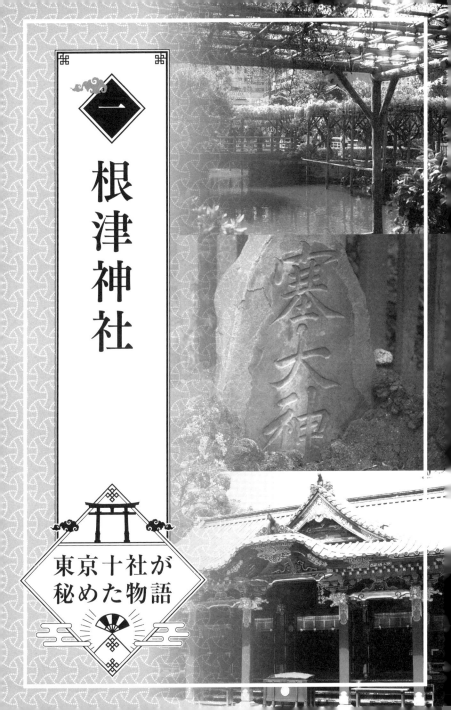

基本データ

根津神社

〒113-0031　東京都文京区根津1-28-9
TEL：03-3822-0753
FAX：03-3822-9753
https://www.nedujinja.or.jp/

ヤマトタケルによって創建されたと伝えられる

根津神社は文京区根津に鎮座している。

根津神社が伝えるところでは、今から1900年前、ヤマトタケルが東征した際、千駄木に創祀《そうし》したものだという。ただ、ヤマトタケルの伝説を物語る『古事記』や『日本書紀』にはそのことは記されていない。

その後、江戸城を築いた太田道灌《おおたどうかん》が文明年間（1469～87年）に社殿を奉献したとされる。

ただし、そのときに社殿が設けられたのは現在地ではなく、千駄木の団子坂の上だった。そこには現在、文京区立本郷図書館が建っており、「根津権現《ごんげん》旧地」と呼ばれる。

根津権現という名称が登場するのは、明治時代以前に、根津神社は根津権現と呼ばれていたからである。権現とは、中世に流行した「本地垂迹説《ほんじすいじゃくせつ》」にもとづくもので、神として現れた仏のことをさす。神が垂迹で仏が本地という関係になる。神と仏とは密接不可分の関係にあったのだ。

明治に時代が変わると、神仏分離が行われた。新たに誕生した明治国家は、神道を中心に国家建設を進めようとして、神と仏、神道と仏教を切り離そうとしたのだ。これによって、権現の名称が使えなくなった。ただし、現在でも根津権現の名は広く使われている。人々に親しまれた根津権現の名は、そう簡単には消えなかったのである。

現在地に社殿を遷《うつ》したのは徳川幕府の5代将軍綱吉《つなよし》である。そこは甲州徳川家の江戸藩邸があったところで、やがて6代将軍となる家宣《いえのぶ》生誕の地でもあった。綱吉は甥にあたる家宣を養子とし、家宣の産土神《うぶすながみ》である根津権現に邸の土地を献納した。そして、宝永3（1706）年に現在の社殿を建立《こんりゅう》している。根津神社の歴史は、実際にはここからはじまると考えてよいだろう。

根津神社の祭神は、須佐之男命《すさのおのみこと》・大山咋命《おおやまくいのみこと》・誉田別命《ほんだわけのみこと》で、相殿に大国主命《おおくにぬしのみこと》と菅原道真公が祀られている。

「根津志」（『神道大系　神社編17』）という史料によれば、根津権現時代の「神躰は素盞烏尊本地十一面観世音菩薩、相殿二社山王大権現本地薬師如来、八幡宮本地阿弥陀如来、是を根津三所大権現と申奉る」とある。

中心となる祭神は素盞烏尊（須佐之男命）であるが、その本地仏は十一面観音で、相殿には山王大権現（大山咋命）と八幡宮（誉田別命）が祀られた。山王大権現は天台宗の総本山比叡山の鎮守神で、日吉大社の東本宮に祀られている。誉田別命は応神天皇のことで、八幡神と習合した。八幡神は、天照大神に次ぐ第二の皇祖神として信仰を集めてきた。

須佐之男命は、よく知られているように、天照大神の弟で、神話のなかでは相当な乱暴者として描かれている。高天原で狼藉《ろうぜき》を働き、それで追放になっている。

なぜ須佐之男命が根津神社の祭神になったか

須佐之男命を祀る神社にはいくつかの系統があり、主なものとしては、京都の八坂神社の系統、愛知の津島神社の系統、そして埼玉の氷川神社の系統がある。このうち、八坂と津島の系統は、もともと「牛頭天王《ごずてんのう》」という厄病をおさめる神を祀っており、それが須佐之男命と習合したものだった。

一方、氷川の系統の場合は、それとは異なる。氷川神社の総本社である大宮氷川神社の周辺はかつて見沼《みぬま》という広大な沼地が広がっており、洪水が頻発した地域であった。そこで、洪水を引き起こす龍神である八俣大蛇を退治したということで、須佐之男命が祀られている。

ではなぜ、須佐之男命が根津神社の祭神になったのだろうか。

寛文2年（1662年）5月に、仮名草子作者の浅井了意《あさいりょうい》が刊行した『江戸名所記』には、「駒込村富士社並不寝《ねず》権現」の項目がある。富士社は現在の駒込富士神社のことで、不寝権現が根津神社のことである。

浅井は、不寝権現の来歴ははっきりしないとしつつ、そこにある小さな社には牛頭天王が祀られているとしており、その託宣についてふれている。牛頭天王は眠ることを好むが、5月5日だけは目を覚まし、天に向かって息を吹き掛けると、それが人間の身にふれ、毒とも薬ともなるというのである。根津は不寝で、根津権現ではもともと牛頭天王を祀っていたことになる。その結果、牛頭天王と習合した須佐之男命が祭神となったのである。

本地垂迹説が流行した中世から近世にかけては、神仏習合が基本で、神宮寺の僧侶が神社を管理、運営することが一般的だった。根津権現の場合にも、天台宗の医王山工運寺昌泉院が神宮寺となっていた。それは楼門の右の方にあった。『江戸名所記』で、駒込の富士社が一括で扱われているのは、そこも別当が昌泉院だったからである。

このように徳川家と縁が深い根津権現であったため、その例祭である根津権現祭は盛大なものだった。太鼓や山車などが50組にも分かれ、地元だけではなく、芝浜松町、芝口、桜田伏見町、京橋、飯田町、木挽町、尾張町、霊厳島、神田、浅草、馬喰町まで賑わったという。したがって、神田明神の神田祭、日枝神社の山王祭とともに「天下祭」と呼ばれた。ただ、それは一時のことに終わってしまう。それでもその名残は、家宣が献納した3

基の大神輿《おおみこし》に見ることができる。

社殿は重要文化財に指定されているが、本殿、幣殿（石の間）、拝殿が一体化した権現造である。権現造は徳川家康を最初に祀った久能山東照宮にはじまるもので、江戸幕府が建てた社殿には多い形式である。根津神社の唐門、西門、透塀、楼門も、社殿と同じときに建立された。なお、戦前の昭和６（１９３１）年には社殿や唐門は国宝に指定されており、境内にはその時代の額が今でも掲げられている。現在はいずれも重要文化財である。

楼門には随身像が祀られているが、右側は水戸黄門こと水戸光圀《みつくに》公がモデルとされている。よく見てみると、その足もとには虎が描かれている。

戦争末期の空襲により甚大な被害を受ける

東京では、大正時代には関東大震災が起こり、太平洋戦争末期には大空襲があり、多くの建物が失われた。根津神社も、空襲で甚大な被害を被っている。

空襲は昭和20（１９４５）年1月28日のことで、蒲田区、本郷区、浅草区、荒川区が被害を受けた。根津一帯は本郷区に属していた。一般民家の消火活動が終わった頃、根津神社の屋根から煙が立ち上っていることが判明し、そこから消火活動がはじまった。

しかし、本殿屋根内部では焼夷弾によって火災が広がっており、本殿と幣殿はほとんどすべての部材が内側で損傷した。拝殿も、向拝を中心とした装飾的な部分が残ったただけだった。被害状況を示した写真が残されているが、相当な被害で、黒澤明監督の名作『羅生門』に登場する羅生門のセットのような状況になっていた。

ただ、拝殿の装飾的な彫刻部分が焼け残っていたことで、そこから修復がはじめられ、昭和31（1956）年に全体の復旧工事が完成している。

その点で、創建当時そのままというわけではないが、18世紀はじめに建てられた根津神社の社殿は、それに近い形で今日に伝えられている。それはかなり貴重なことである（益田兼房「日本の文化財建築物の被災と修復に関する基礎的考察」『歴史都市防災論文集』Vol.1、2007年6月）。

根津神社の境内で家宣ゆかりのものが、「徳川家宣胞衣塚《えなづか》」である。胞衣とは胎盤やへその緒のことで、胞衣塚は各地にあるが、家宣のものはいくつもの自然石を集めて築かれている。

塚の正面には明治14（1881）年に建てられた胞衣塚碑がある。文京区教育委員会の解説では、胞衣塚を築くのは上流階級の慣習で、愛知県の岡崎には徳川家康の胞衣塚があるとする。ただしそちらは、自然石ではなく石塔である。これに関連し、根津神社には家宣の産湯井戸があるが、こちらは公開されていない。

根津権現が徳川家ゆかりの神社であるとはいえ、それが神社である限り、一般の庶民も参詣に訪れる。江戸時代には伊勢神宮に参拝する伊勢参りが庶民に大流行するが、伊勢には古市という歓楽街が生まれ、参拝者にはそちらの方がお目当てだった。

それは根津権現についても言えることで、境内一帯は「曙の里」と呼ばれ、そこは茶屋などが建ち並ぶ一大歓楽街となっていた。

天保年間（1830～44年）に刊行された『江戸名所図会』では、「ことに門前には貨食店簷《ひさし》をならべて詣人を憩はしめ酣《かん》歌《か》の声間断なし」とあり、いかにそこが盛んだったかが示されている。

江戸に幕府が開設されると、多くの人間が江戸の街に流入してくることとなった。大多数は男性で、彼らは独身だったため、その相手をしてくれる女性を必要とした。そこで、遊女屋が江戸の街のなかに次々と生まれていったが、幕府は不正営業の遊郭については取り締まりを行い、根津についても、天保13（1842）年の水野忠邦による改革で、その対象となり、新吉原に移転した。

ところが、慶應4（1868）年に陸軍奉行の許可を得て、根津の遊郭はふたたび営業を開始し、繁昌した。幕府が瓦解し、明治政府が誕生すると、根津神社の神職などが中心になり、政府に遊郭の存続を願う嘆願書を提出し、明治2年4月に許可を得ている。それは5年契約だったが、契約延長がくり返されていく。

八重垣町（現在の根津1丁目）には遊郭の象徴となる大門が設けられ、その両側には200本の桜が植えられた。その桜に紙で作ったぼんぼりが吊るされ、根津遊郭は盛況を呈した。ところが、東京帝国大学（今日の東京大学）が近く、帝大生が入り浸ったことから、明治21（1888）年に洲崎（現在の江東区東陽）に移転になっている。

数々の歴史を刻む根津の遊郭跡

根津神社の表参道口の鳥居の前に杉本染物舗があるが、そこには銅版のプレートが掲げられていて、そこらあたりの経緯について説明されている。

側に建つ日本医科大学大学院は、根津遊郭の妓楼の一つ大八幡楼のあった場所だった。病院にするにあたっては、妓楼をそのまま改築したため、建物は遊郭のようで、庭の前には大きな池があった。

その大八幡楼と縁が深いのが、帝大生だった坪内逍遥で、逍遥はそこで娼妓の花紫と出会い、3年通いつめた後に結婚している。

根津神社の周辺は、逍遥だけではなく、多くの文豪が住んでいた。いかに多くの文豪の居住跡があったかは、無料で配布されている「根津権現かいわい浪漫ちっくマップ」に目を通してみればたちどころに理解できる。

それを見ると、メトロの根津駅の東側に室生犀星下宿跡と記されている。親交のあった佐藤春夫は、「若き日の室生犀星」という随筆のなかで、「そのころ二十一二の室生犀星はどこに棲んでゐたものか、毎夜のやうに根津権現うらあたりの酒場に出没して、生来の蛮勇を揮つてゐたらしい」と記している。佐藤は下戸で、犀星には付き合わなかったとのことだ。

これに関連し、根津神社の境内には、「文豪憩いの石」が残されている。これには自由に腰をかけることができるが、そこであまたの文豪たちが名作の想を錬ったのかと思うと、自分もその一人になったような気がするかもしれない。

その石の近くには石造りの水飲み場がある。表には、「我《わが》武《ぶ》維揚《これあがる》」、裏には「戦利砲弾奉納　明治39年9月10日建立　陸軍軍医監　森林太郎、陸軍少将　中村愛三」と刻まれている。森林太郎は、陸軍軍医でもあった森鷗外のことである。砲弾の方は、太平洋戦争のおりに供出され、台座だけが昭和40年代末頃に水飲み場に転用されたものだった。

こうしたものは、知らずに訪れると、見逃してしまう。だが、境内図にはちゃんと記されている。神社を訪れた際には、境内図をじっくりと眺め、何があるのかを確認することが必須である。

あまり目立たない貴重なものが、唐門の脇に建つ石灯籠である。寛永3（1626）年11月の造立で、これは社殿よりも古い。社殿の前にも灯籠が建つが、こちらは青銅で、宝永7（1710）年に伊勢国津藩の5代藩主だった藤堂和泉守高敏が奉納したものである。

庶民の信仰にかかわるものとしては、庚申塔《こうしん》がある。寛文8年（1668）10月に造立された青面金剛《しょうめんこんごう》像が正面を向いて建ち、他に5基ある。これは、近くにあったものが道路の拡幅などで明治以降に根津神社におさめられたものである。

庚申信仰は、中国の道教に由来するもので、60日ごとにめぐってくる庚申の夜には、眠ってしまうと、体内の三尸《さんし》の虫が抜け出て天に昇り、天帝にその人間の罪を告げて、命を縮めるとされた。そのために、人々は集まって眠らないようにしたのだが、それは親睦の場で、信仰はそのための口実になっていた。

もう一つ、塞《さえ・さい》の大神碑があるが、こちらは、明治6（1871）年に建立された。これは、悪霊を防ぐために村の境に祀られたものだが、やはり道路の拡幅で明治の終わりに根津神社に移されている。

二つの摂末社と千本鳥居

根津神社の摂末社としては、境内に乙女稲荷神社と駒込稲荷神社の二社がある。

乙女稲荷は根津神社が現在地に遷座した際、今はつつじ苑となっている西側の斜面の中腹に建てられたものである。駒込稲荷は江戸藩邸時代の守り神を祀ったものである。

乙女稲荷は、池の上にあり、南北両方から千本鳥居《せんぼんとりい》が建っているので、華やかな光景を作り上げている。とくにつつじの季節は美しく見え、写真映えもするが、江戸時代に千本鳥居はなかった。そのことは『江戸名所図会』で確認できる。

稲荷神社に千本鳥居はつきものである。とくに稲荷信仰の総本社となる伏見稲荷大社の千本鳥居は有名だが、こちらも明治になってから建てられるようになったもので、江戸時代にはなかった。伏見稲荷の千本鳥居が建つ稲荷山には、「お塚」と呼ばれる神々を祀った無数の石碑が建っているが、これも明治になってから生まれたもので、そのお塚に奉納するために木製の朱の鳥居が建てられるようになったのである。

かつては乙女稲荷の参道に娯楽園という貸席があった。貸席は、料金をとって貸す座敷のことで、娯楽園は椎茸めしが名物だったという。

今、根津神社と言えば、多くの人は「つつじまつり」のことを思い浮かべる。これは、毎年春に催されるもので、時期は年によって異なるが、2023年には4月いっぱい開催された。

根津神社とつつじとの縁は、そこが甲府徳川家の藩邸だった時代に遡る。藩邸の主は綱吉の兄であった甲府藩主、綱重だったのだが、綱吉は将軍になる前に上州館林藩主であった。当時の館林はキリシマツツジの名所として知られており、そこから、つつじ苑のある西側斜面につつじが移植された。

ただそれが現在のつつじ苑に直接つながるわけではなく、つつじ苑の開苑は昭和45(1970)年のことだった。

根津神社の社殿は、戦災によって修復の必要があったわけだが、それがなしとげられた後、荒廃していた丘につつじが増殖されることとなった。つつじが十分に育った後に、まつりが開かれるようになった。現在、2000坪のつつじ苑には100余種、3000株が植えられている。

壮麗なつつじ苑は一見の価値あり！

境内からつつじが咲いている様子は見てとれるが、３００円の入苑料を払って、つつじ苑内に入ってみると、その光景は一変する。つつじは、一つひとつが丸く刈り整えられており、しかも、異なる種類が隣りあって咲いているため、色のバリエーションを楽しむことができる。その整備には相当の手間がかかっているものと推測されるが、それを考えると入苑料は決して高くない。

現在植栽されているつつじの種類は、もともとあったキリシマの他、久留米（カラフネ）、キレンゲ、カバレンゲ、ギンノザイ、ゴヨウ、ハナグルマなどである。

江戸時代は、「園芸の黄金期」とも呼ばれ、さまざまな園芸植物が生み出された。江戸には、幕府が設けられたことによって大名や旗本の屋敷が次々と建てられ、神社仏閣の造営も進んだ。そうしたところには庭園も造成されるようになり、園芸の需要は高まった。参勤交代によって各地から珍しい植物が持ちこまれたことで、情報が広まったことも大きい。

それが江戸の園芸を盛んなものにすることに貢献したが、とくにつつじの人気は高かった。江戸時代の園芸家に水野元勝という人物がいるが、彼の書いた日本最古の園芸書『花壇綱目』には、１４７種目ものつつじ類があげられている。つつじが常緑低木で刈り込みのしやすいことが人気のもとだった（大出英子「日本の伝統的園芸植物としてのツツジ類の歴史について」『目白大学短期大学部研究紀要』（44）２００８年1月）。

根津神社に多くの人が訪れるのは、初詣、つつじまつり、そして9月の例大祭のときだろう。なかでも、つつじまつりには多くの人出があり、この行事は都民にはよく知られている。

文京区の五大花祭り

文京区では、このつつじまつりを含め、五大花祭りを定めている。季節の順でいくと、湯島天神の梅まつり、播磨坂の桜まつり、根津神社のつつじまつり、白山神社のあじさいまつり、やはり湯島天神の菊まつりである。文京区の木はいちょうで、坪内逍遥も通った東大本郷キャンパスのいちょう並木は見事である。そして、つつじは区の花に指定されている。

つつじは、江戸時代から盛んになった園芸の産物であるわけだが、根津神社のはじまりも、実質的には江戸時代で、徳川将軍家とのつながりが深い。だからこそ、権現造の立派な社殿が建てられ、それが、戦災にあったにもかかわらず修復され、今日に伝えられているのである。

しかし、江戸時代そのままの姿が保たれているわけではなく、明治に入ると、神仏分離で別当となった神宮寺は消えた。乙女稲荷の千本鳥居がいつから建立されるようになったのかは不明だが、それが目を引くことは確かである。そして、戦後、つつじ苑が開設され、つつじまつりが開催されるようになることで、つつじと千本鳥居の独特なコントラストが生まれることとなった。

根津の遊郭は江戸の産物で、繁昌したのは明治時代に入ってからのことである。今、根津神社を訪れ、その周囲をめぐっても、遊郭の面影はほとんど感じられない。

しかし、その遊郭を洲崎へと追いやることになった東京帝国大学が近くにあったこともあり、根津神社の近辺には多くの文豪たちが居住し、生活するようになった。彼らの作品のなかには、根津神社も頻繁に登場する。

このように、根津神社とその周辺を訪れ、そこにある数々のものの由来を確かめることで、江戸から明治へと進んでいった東京の街の歴史をさまざまな形で感じることができるのである。

二

神田神社

東京十社が
秘めた物語

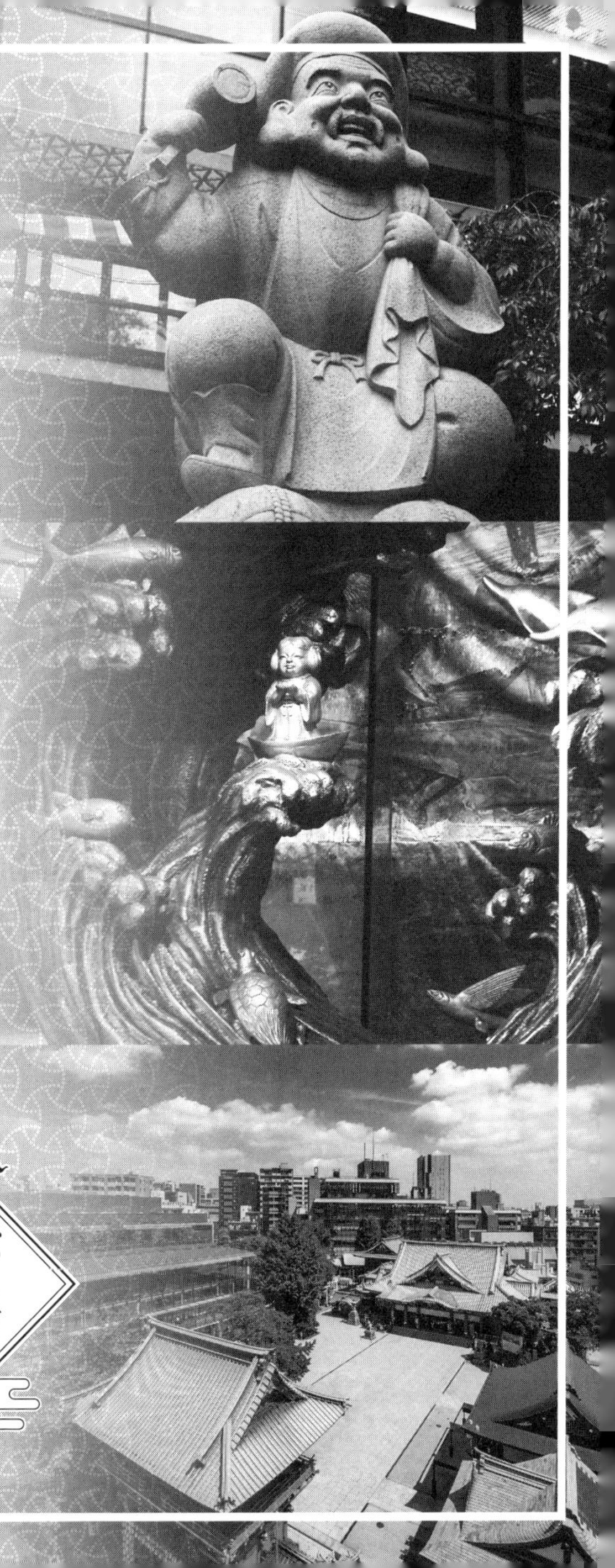

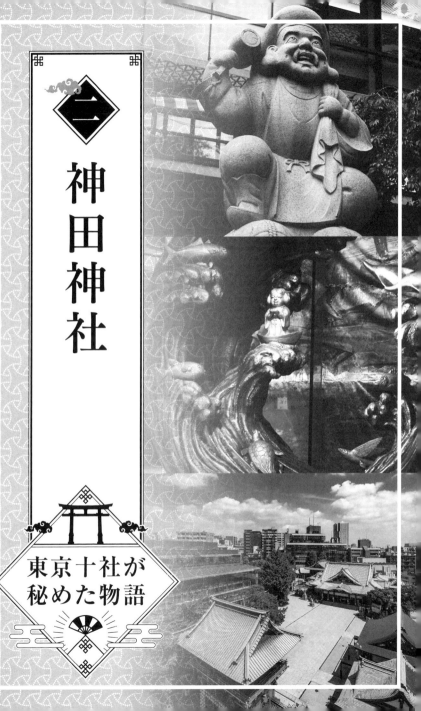

基本データ

神田神社

〒101-0021　東京都千代田区外神田2-16-2
TEL：03-3254-0753
FAX：03-3255-8875
https://www.kandamyoujin.or.jp/

正式な名称ではなく通称は「神田明神」と呼ばれる

神田神社は千代田区外神田2丁目に鎮座している。「江戸総鎮守《そうちんじゅ》」と称しており、それにふさわしく氏子地域は神田、日本橋川以北の日本橋、秋葉原、大手町、丸の内、かつての築地魚市場にまで及んでおり、かなり広大である。氏子町会の数は108にものぼっている。

神田神社が正式な名称で、「神田明神」は通称である。江戸時代には神田明神と呼ばれていたものの、明治4（1872）年に神田神社と改称され、そのままになっている。だが、今でも神田神社と呼ぶ人は少なく、神田明神が広く使われている。神田神社のサイト自体、「江戸総鎮守　神田明神」と称している。したがって、ここでは神田明神の名を使うことにする。

神田明神の境内には、2018年12月、神田明神文化交流館「EDOCCO」が建てられた。真新しい近代的な建物で、神田明神に関係するグッズが販売され、カフェも併設されている。そこでは、神札やお守りの授与も行われており、こうした施設が神社に設けられているのは珍しい。他の神社も、いかに現代に適応していくかで努力を重ねているが、EDOCCOはその試みの一つである。

神田明神の祭神は、現在では三柱の神々である。一ノ宮に大己貴命《おおなむちのみこと》、二ノ宮に少彦名命《すくなひこなのみこと》、そして三ノ宮に平将門命《たいらのまさかどのみこと》が祀られている。

中心となる祭神は大己貴命だが、これは出雲大社の祭神である大国主命の別名である。大国主命には多くの別名があることが知られているが、大己貴命はそのなかでかなり重要なもので、大穴牟遅神《おおあなむじのかみ》や於褒婀娜武智《おおあなむち》などとも表記される。

なぜ出雲大社から遠く離れた東国の地に大己貴命が祀られているのか、それは考えてみれば不思議である。

神田明神の社伝では、天平2（730）年に出雲族の真神田臣《まかんだおみ》によって武蔵国豊島郡芝崎村に創建されたことにはじまるとされる。芝崎村は現在の千代田区大手町にあたり、それは平将門の首を祀る「将門塚」のあたりであったという。

出雲は、大和と並び称されるほど、古代においては重要な地域だった。そのシンボルとなるのが出雲大社であるわけだが、日本各地には出雲という地名が多く、そうした場所には出雲神社が祀られている。それは出雲から移住してきた人々が住むようになったからだとされる。

出雲という地名や出雲神社の拡大について詳細に研究した最新のものが岡本雅享『越境する出雲学』（筑摩選書）である。ただし、この本では神田明神についてはふれられていない。

神田という地名の由来として、昔、伊勢神宮を支えるための神田があったからだという説もあるが、こちらは根拠が曖昧である。

むしろ祭神として重要なのは、平将門命である。それは神田明神がもともと将軍塚の場所にあったという伝承によって裏づけられる。将軍塚の付近では天変地異が続発したため、鎌倉時代に一遍の弟子になった真教《しんきょう》という上人が平将門を神として祀ったとされる。

江戸時代以降の「神田明神」の来歴

慶長5（1600）年に、天下分け目の戦いと言われた関ケ原の合戦が行われるが、その際に徳川家康が神田明神で戦勝祈願を行い、かつては神田明神のもっとも重要な祭礼である神田祭が開かれていた9月15日に勝利したとも言われるが、これは俗説で、神田明神のサイトでも紹介されていない。

江戸時代に入ると、江戸城が増築され、将軍塚のある地域がそこに含まれたため、神田明神は慶長8（1603）年にいったん神田駿河台に移され、元和2（1616）年に現在地に遷座した。

現在地が選ばれたのは、江戸城の鬼門にあたるからだとされる。京都では比叡山が鬼門で、石清水八幡宮が裏鬼門として都を守っているとされるが、江戸城の裏鬼門は日枝神社である。

ただ、明治に時代が変わると、平将門は朝廷に対する逆臣とされ、明治7（1874）年神田明神の祭神から外され、境内の摂社に移された。その代わりに、同年、大洗磯前神社から少彦名命が勧請された。神話において、少彦名命は大己貴命とともに国造りを行ったとされているからである。そして、昭和59（1984）年に平将門命もふたたび本殿に奉祀されることとなった。

江戸時代前期の寛文2（1662）年5月に浅井了意が刊行した『江戸名所記』では、神田明神について、「この社は将門の霊なり」とある。江戸時代の神田明神は、あくまで将門を祀る社として認識されていたことになる。

将門は平安時代中期の武将で、常陸、下野、上野の国府を制圧し、自ら「新皇《しんのう》」を名乗り、関東の独立を試みた。そうした試みを朝廷が許すはずもなく、制圧され、その首は京都の四条河原に晒された。ところが、三日後にそこから飛び去り、自力で東国へ戻り、芝崎村に落ちたとされる。それが将軍塚となったのである。

平将門命は、今では神田明神で合祀されているわけだが、将軍塚の人気は高い。一度そこに立ち寄ったとき、若い世代の参拝者が引きも切らさず訪れ、手を合わせている光景に接して驚いたことがある。将軍塚のある場所も神田明神の氏子地域に含まれ、神田明神と周辺企業からなる将軍塚保存会の手によって保存管理されている。

祭神の大己貴命の別名である大国主命は、インドのヒンドゥー教の神であるマハーカーラに由来する大黒天と習合し、縁結びの神ともなった。七福神のなかにも含まれているが、神田明神の境内には大黒天像がある。高さ6・6メートルで重さはおよそ30トン。石造りの大黒天像としては日本でもっとも大きいとされる。この像の建立は新しく、昭和51（1976）年である。

一方、少彦名命の方は、医薬の神として信仰されることが多いが、七福神の一つ、えびす神と習合し、商売繁盛の神ともされる。神田明神の境内には、2005年に建立されたえびす像がある。これは現代彫刻で、さかまく波のなかに小さな船に乗った金色のえびす神像が波に乗る形で描き出されている。

主な催事はだいこく祭と神田祭

神田明神では、1月中旬の週末に「だいこく祭」が開かれる。これは寒中禊、四條流庖丁儀式、祈願串成就祭から構成される。

寒中禊は、その時期が示すように、新成人が中心となって、氷柱が立った仮設の禊場で禊を行う。

四條流庖丁儀式は、平安時代からはじまるもので、古式にのっとり、庖丁師が烏帽子直垂姿で、庖丁と箸だけを使い、素材には直接手をふれずに魚をさばくものである。

祈願串成就祭は、巫女舞や大国舞が披露され、神職が大黒天とえびす神に扮して祈願成就を祈るものである。ちなみに祈願串とは願い事を記した板状のものである。

だいこく祭では、福笹も授与される。関西方面で福笹が授与されるのは、えびす神の祭礼である十日戎（えびす講）のときである。東京のえびす講としては、神田明神とは関係しないが、日本橋の「べったら市」がよく知られている。これは、日本橋小伝馬町の宝田恵比寿神社の周辺で開かれる。

神田明神の祭礼として何よりもよく知られているのは、2年に一度、5月中旬に行われる「神田祭」である。これは神田明神祭とも呼ばれ、赤坂日枝神社の山王祭、富岡八幡宮の深川八幡祭とともに「江戸三大祭」に数えられている。

江戸時代以前にも何らかの祭礼が行われていたと思われるが、詳細は不明である。当初は神事能が行われていた。それは、江戸城を支配下におくようになった後北条氏の北条氏綱の命令によって、3年ごとに行われるようになる。だが、享保6（1721）年の火事により、能舞台と能道具を納めた倉庫が焼失し、それで途絶える。なお、平成15（2003）年からは金剛流の薪能「明神能・幽玄の花」が復活している。

神田祭が大規模な祭礼になるのは、江戸時代に入ってからである。神輿の渡御だけではなく、山車《だし》が出され、附け祭、さらには御雇祭《おやといまつり》が行われた。

山車は、それぞれの氏子町内が工夫をこらし、人形や飾りを頭頂部に据えたものである。附け祭は、その時代に人気のあった能や浄瑠璃（歌舞伎）の演目を題材として取り入れ、踊屋台や曳き物を出し、仮装行列を行うものである。御雇祭は、その名が示すように、江戸幕府が経費を負担し、大神楽やこま回しが行われ、大奥の女中たちが仮装行列を行った。

そのため、神田祭の行列は、江戸城内の中心となる内曲輪内《うちぐるわない》にまで入っていくのが習わしとなり、将軍や御台所なども見物した。そのために、神田祭は「天下祭」と呼ばれるようになったのである。

附け祭は現在でも行われており、山車も出るが、江戸時代の規模は比べられないほど大きなものだった。それは、神田明神などの所蔵する『神田明神祭礼図巻』などに記されている。これは、今日復刊もされているので、その壮麗な様子を確かめることができる。

山車を衰退させた電線と路面電車の架線

江戸時代の神田祭は、京都の祇園祭の山鉾巡行に近いものだった。祇園祭のことは、当然、将軍を含め、江戸の人間にも意識されていたことだろう。各種の『洛中洛外図』には、祇園祭の光景が描かれている。神田祭を通して新興都市としての江戸の意地を示したい。神田祭には、そうした意識が反映されていたに違いない。江戸三大祭について、典拠は不明だが、「神輿深川、山車神田、だだっ広いが山王様」ということばが残されている。

徳川幕府が倒れ、明治政府が誕生すると、当然にも御雇祭などは行われなくなるものの、神田祭は首都東京の祭として、明治２（１８６９）年から同５年までは毎年行われ、それ以降は隔年開催になる。

山車は、江戸時代には45本も出ていたが、明治5年には35本で、同13年には14本に減った。ただし、同17年には46本と江戸時代を上回る数となった。

江戸時代において、幕府は各種の改革をくり返し、そのたびに、神田祭は規制の対象になり、規模を縮小された。それでも復活をとげてきたのだが、明治時代になると新たな「敵」が出現した。それが、いたるところに張り巡らされるようになる電線と路面電車の架線である。

博多の祇園山笠の場合、かつての山車は相当な高さに及んだが、街中に電線がはりめぐらされることで、山車の高さを低くせざるを得なかった。神田祭では、山車を出すことが難しくなり、神輿の渡御《とぎょ》に中心が移っていく。都市の近代化を進めるためには電線の架設は不可欠だが、大正時代になると、神田祭の山車はすっかり姿を消してしまう。

それによって、「神輿渡御祭」と改称されたが、二基の神輿が数日、場合によっては1週間かけて氏子地域をくまなく渡御するものになった。大正11（1922）年には二基の神輿を、鳳凰の飾りのある大鳳輦1基に改めたものの、翌年には関東大震災が起こり、これは一度渡御しただけで失われてしまった。

昭和に入ると、ねぎぼうずの形をした金色の玉をいただく葱花輦《そうかれん》が新調され、二ノ宮神輿も復興されたが、葱花輦は人が担ぐのではなく、牛が曳く形式に変わった。

江戸時代の神田明神では、江戸の総鎮守ということで、社殿の修復や再建は幕府が行っていた。天明2（1782）年には、木造の社殿が建立され、それが受け継がれてきた。ところが、関東大震災でその社殿は焼失し、代わりに、総漆朱塗りではあるが鉄骨鉄筋コンクリートの社殿が再建された。当時は、木造でないことに反対もあったらしい。たしかに、木造とコンクリートでは趣は大きく違う。

しかし、戦時中の東京は大空襲に見舞われ、神田明神の境内にある建物はことごとく焼失した。それでも、社殿は耐火構造で焼失を免れ、今日に至っている。コンクリートの選択が生きたことになる。

戦後の神田祭の方は、昭和27（1952）年に復活し、その際に、氏子町会神輿の連合宮入がはじめて行われ、同29年からは「神幸祭《しんこうさい》」と改称された。以降、モータリゼーションの普及で、神幸祭の期間が1日に短縮されたりもしたが、同50年には日本橋三越本店によって二ノ宮神輿が奉納され、同62年には三ノ宮鳳輦も新調された。あわせて、相馬野馬追騎馬武者行列や、東京芸大の学生が製作した曳き物なども附け祭に加わるようになった。

現代の神田祭の進行と拡大する規模

現在の神田祭は、次のように進行する。

1日目　鳳輦《ほうれん》神輿遷座祭
2日目　氏子町会神輿神霊入れ
3日目　神幸祭

同日夕方から　神輿宮入
4日目終日　神輿宮入

神輿宮入が終わって3日後に神社にとってはもっとも重要な神事である例大祭が行われるが、その前日には献茶祭と、すでに述べた明神能・幽玄の花が行われる。

1日目の鳳輦神輿遷座祭は、夕方神田明神の神職によって行われるもので、本殿に祀られた三柱の祭神を3基の鳳輦神輿に遷すもので、厳粛な雰囲気のもとで行われる。

氏子地域には108の町会があるわけだが、複数の神輿を有するところもあり、総数は200基に及ぶ。氏子町会神輿神霊入れでは、何人もの神職が各町会をまわり、神輿に神霊を遷す儀式が営まれる。町会によってはその時点で、町内を渡御するところもある。

3日目の神幸祭が神田祭のメインともなるもので、神霊が遷された3基が氏子町内を巡幸する。なお、3基は一ノ宮と三ノ宮は鳳輦だが、二ノ宮は神輿と呼ばれる。

神幸祭は、早朝5時過ぎの「御鍵《みかぎ》渡しの儀」からはじまる。これは、神田明神の崇敬講の一つである宮鍵講によって庫の扉が開かれ、鳳輦神輿が境内正面に奉安されるものである。

7時40分頃に「発輦祭《はつれんさい》」が営まれ、巡幸の無事を祈願した後、木遣りを歌う鳶頭衆を先頭に行列は出発する。行列には3基の鳳輦神輿の他に、だいこくとえびすを乗せた諫鼓山《かんこだ》車《し》や獅子《しし》頭《がしら》山車《だし》なども加わる。神田囃子の屋台なども加わり、神職は騎馬で、区長などは馬車で参加する。かなりの大人数で、午前と午後に分けて約30キロの道のりを行列していくことになる。

途中では、各町内が行列を迎えるために献饌を行い、将軍塚では「奉幣の儀」が営まれる。行列は7時頃神田明神に戻ってきて、「着輦祭《ちゃくれんさい》」となる。

午後に行列が三越本店に到着したときから附け祭が加わる。浦島太郎や花咲か爺さんなどの曳き物や仮装行列で、江戸時代の御雇祭に由来する太神楽なども復活している。

神幸祭の行列が続いているあいだ、夕方からはそれぞれの町内の神輿宮入が行われる。200基もの神輿が宮入するわけだから、4日目の全日を費やすことになる。

それぞれの町会のメンバーによって担がれた神輿は町を練り歩いた後、神田明神の境内に入ってきて、神前に奉納される。町内によっては手《て》古《こ》舞《まい》が加わることもあり、それぞれの町会にとっては何よりも重要な晴の舞台になる。

それぞれの町内には氏子が住んでいて、彼らが祭の担い手になるわけだが、神田明神の氏子地域は東京の中心部に位置しており、住人の数は、昔に比べて相当に減ってきた。そのため、一時は神輿の担ぎ手が激減するという事態も生まれたが、それぞれの町内でさまざまな手立てを用いることによって担ぎ手を確保している。神輿を担ぐことが、女性にまでブームとして広がったことは大きい。

多くの摂末社とその祭神

神社によっては、境内に多くの摂末社を祀っているところがあるが、神田明神もその一つである。三宿稲荷《みしゅくいなり》・金刀比羅神社《ことひらじんじゃ》や日本橋魚河岸水神社《うおがしすいじんじゃ》、それに須佐之男命を祀る三つの天王社、二つの稲荷社がある。いずれも江戸時代に創建されたと伝えられている。

実は、もう一つ、籠祖神社《かごそじんじゃ》というものがあった。これは寛政7（1795）年に創建されたもので、猿田彦大神や塩土翁神《しおつちのおきなのかみ》などを祭神としていた。神話には塩土翁神が竹籠の舟を作って山幸彦に与えた話が登場することから、籠職人たちによって創建された。

これが、関東大震災のときに建て替えられて「合祀殿」となり、それまで境内で祀られていた八幡神社、富士神社、天神社、大鳥神社、天祖神社、諏訪神社が合祀されている。神田明神に、多様な信仰が伝えられていたことがわかる。

三宿稲荷・金刀比羅神社はもともと別のところに神田明神とは独立した形で祀られていたのを境内に遷座したものである。魚河岸水神社は、名前の示すとおり、魚河岸の守護神として祀られるようになったもので、築地市場にはその遙拝所があった。現在、遙拝所は豊洲市場に遷されている。歌舞伎の成田屋、團十郎や海老蔵が歌舞伎十八番の一つ「助六」を演じるときには、この水神社に参拝するならわしになっている。

天王社は、江戸神社、小舟町八雲神社、大伝馬町八雲神社からなる。天王社で祀られる須佐之男命は、由緒不明な不思議な神、牛頭天王《ごずてんのう》と習合したことで知られ、京都の八坂神社にも見られるように、厄病除けの神として信仰されてきた。天王社が多く祀られているのも、それが関係するだろうが、一方で、須佐之男命は八俣《やまた》の大蛇《おろち》を退治したことで、大蛇が象徴する洪水を鎮める神とも見なされている。かつての江戸は、くり返し洪水の被害をこうむっている。

もう一つ江戸を見舞った大災害としては、火事があるが、小舟町八雲神社と大伝馬町八雲神社には、江戸時代に奉納された天水桶が残されている。天水桶は、雨水を貯めることで防火水槽として利用された。こうした天水桶からも、江戸時代の庶民の生活が思い起こされる。二つの稲荷社とは末廣稲荷神社と浦安稲荷神社で、稲荷社は多くの神社で祀られ、さまざまなご利益を与えてくれるとされてきた。

さまざまある石碑のいわれ

神田明神の境内にはいくつもの石碑があるが、その一つに力石がある。力石は力くらべに用いられるもので、神田明神の力石は直径80センチ、短径67センチで、文政５（１８２２）年12月に神田仲町２丁目の柴田四郎右衛門という人間が持ち上げたと刻まれている。

こちらは古いものではないが、「銭形平治の碑」もある。『銭形平次捕物控』は、野村胡堂のよく知られた人気作で、主人公である平次親分は神田明神下台所町の長屋に住んでいるという設定になっていた。碑は、昭和45（１９７０）年に日本作家クラブが発起人となって建立されたものである。

また、「小唄塚・小唄作曲塚」もある。こちらは、昭和31（１９５６）年に、小唄の作曲家だった吉田草紙庵を追悼するために建てられた。草紙庵は、それまでの座敷小唄を発展させ大規模な劇場でも演じられる芝居小唄にした近代の革新者で、作曲した小唄は１００曲以上になる。小唄には、神田や神田祭を歌ったものが少なくない。

神田明神は、江戸総鎮守と呼ばれるように、江戸の人々に愛され、祭や境内には、江戸時代を彷彿とさせるものが少なくない。にもかかわらず、ＥＤＯＣＣＯなどは現代に神社を適合させる試みとして注目される。資料館も併設されているし、講演会やさまざまなイベントも盛んに行われている。

周辺、さらには氏子地域には飲食店も多く、江戸時代から続く、さまざまなグルメを楽しむことができる。門前にある天野屋は、弘化3（1846）年の創業で、「明神甘酒」で知られている。

三

亀戸天神社

東京十社が
秘めた物語

基本データ

亀戸天神社

〒136-0071　東京都江東区亀戸3丁目6番1号
TEL：03-3681-0010
FAX：03-3638-0025
https://kameidotenjin.or.jp/

名所の藤棚は150年前と変わらない

亀戸天神社は江東区亀戸に鎮座している。亀戸天満宮と呼ばれることもある。

亀戸天神社については、浮世絵師の安藤広重が描いた有名な浮世絵がある。広重は、幕末の安政3（1856）年2月から同5（1858）年10月にかけて『名所江戸百景』というシリーズを刊行している。広重が亡くなるのは安政5年9月6日のことだから、最晩年の作品になる。

シリーズは春夏秋冬4部に分かれ、全体で119景が描かれている。夏の部の一景に「亀戸天神境内」がある。そこには池が広がり、奥には太鼓橋がある。橋の手前には、藤棚から藤の花が垂れ下がっている光景が描かれている。

この浮世絵が描かれたのは、今から150年以上前になるが、今、藤の季節に亀戸天神社を訪れれば、まったく同じ光景に接することができる。他にも亀戸天神社の藤の花を描いた浮世絵はいくつもあるが、今の方が藤棚ははるかに立派だ。

これだけの藤棚を維持するのは容易ではない。浮世絵が示しているように、江戸時代から亀戸天神社の境内には藤が植えられていた。そこは湿地で、藤の生育に適していたからである。徳川家の将軍も、何度か藤を眺めるために訪れたという。

ただ、大正12（1923）年の関東大震災で罹災し、なんとかそれは乗り越えたものの、亀戸周辺には軍需工場が少なくなかったため、空襲を受け、亀戸天神社も入口の石標を残しすべて焼け落ちてしまった。藤棚が復興されたのは昭和30年代に入ってからである。

それ以降、亀戸天神社は藤の名所として多くの参拝者を集めるようになるが、平成13（2001）年に、突如として藤が咲かなくなってしまった。大変な事態である。日本樹木保護協会に依頼して調査が行われた結果、土壌に問題があるということがわかり、土壌の改良が行われた。それによって翌年からまた藤の花が咲くようになった。

藤はマメ科フジ属のつる性落葉木本で、昔は藤棚などは作られなかった。野生の藤は、松などにつたをからませ、それで花を咲かせた。清少納言の『枕草子』には、「色あひ深く花房長く咲きたる藤の花、松にかかりたる」とある。藤棚が作られるようになるのは、園芸が盛んになった江戸時代からである。

亀戸天神社の「藤まつり」は4月の下旬から5月のはじめまで開かれる。だが、祭神である菅原道真公との関係では、むしろ梅の方が密接である。道真公を祀る全国の天神社、天満宮には梅の名所が多い。亀戸天神社でも、境内には300本以上の梅の木があり、毎年2月には「梅まつり」が開かれている。

藤の花の背景にはスカイツリーが映える

ただ、藤棚があまりに見事なため、藤まつりの方が名高い。そこには、2012年に完成した東京スカイツリーの存在もかかわっている。亀戸天神社からスカイツリーまで直線距離にすれば1・5キロしかない。

藤まつりの頃には亀戸天神社もライトアップされ、あたかもそこに咲く藤の花がスカイツリーを染め上げているかのように見える写真を撮ることもできる。スカイツリーが刻々と色を変化させていくからである。

東京十社のなかで、亀戸天神社よりスカイツリーに近いところはない。広重が現代に生まれ変わったら、きっとスカイツリーをバックに藤棚を描くに違いない。

道真公を祀る神社の代表的な存在が京都の北野天満宮と九州太宰府の太宰府天満宮である。

道真公が生まれた菅原家は代々学問の家で、道真公もその道を歩むようになる。ただ、同時に行政官としての能力にたけていたため、宇多天皇や醍醐天皇に重用された。当時は、藤原氏全盛の時代である。道真公は藤原氏ではないにもかかわらず異例の出世をとげ、右大臣にまでのぼりつめたが、それが悲劇を生むことになった。

出世をとげれば周囲から嫉妬される。道真公の場合にも、本人が、右大臣の位を授かる際に儀礼的に出す辞表のなかで、そのことに言及している。ただ、道真公は最終的に右大臣に就任しており、結局はそれが太宰府への左遷に結びついた。道真公は失意のうちに、太宰府で亡くなっている。

歌舞伎の代表的な作品に『菅原伝授手習鑑《すがわらでんじゅてならいかがみ》』があるが、そこでは、道真公が右大臣のときに、それより上の左大臣だった藤原時平の讒言《ざんげん》で太宰府に左遷されたと描かれている。歌舞伎のなかの時平は、「しへいこう」と呼ばれ、容貌魁偉な悪者として描かれている。現実の時平は、道真公と漢詩のやりとりもしており、決して極悪非道の悪者だったというわけではない。

道真公を祀る二つの天満宮の相違とは？

道真公の死後、朝廷では凶事が続き、それは道真公の祟りではないかとささやかれるようになる。祟りを鎮めるために復権もはかられたが、最終的に、道真公の霊のお告げによって北野天満宮が創建されることとなった。

一方、道真公の遺骸が葬られたのが太宰府にある安楽寺で、そこはやがて太宰府天満宮へと発展した。

このように、道真公を祀る天満宮には、北野と太宰府の二つの総本宮が生まれるものの、祭神は同じでも、それぞれにおいて信仰のあり方が異なっている。

主な相違点を二つあげれば、太鼓橋と鷽替《うそか》え神事の有無である。どちらも太宰府天満宮にはあるが、北野天満宮にはない。亀戸天神社にはどちらもあるので、太宰府天満宮の影響が強いことがわかる。

太鼓橋は、心字池にかかっている。心字池の名は、池が草書の「心」の形になっているからである。こころのあり方をとくに問題にするのは仏教である。

太鼓橋は三つの橋からなっていて、最初と最後は太鼓橋だが、真ん中は平橋である。それが直線上に並び、社殿へと至るのだが、この形態は仏教の「三世一念《さんぜ》」の考え方にもとづいているとされる。三世とは過去、現在、未来のことである。

ただ、三世一念ということばは太鼓橋の説明にしか出てこない。太宰府や亀戸の心字池について、「一念三千」ということが言われたりするが、こちらは人の一念に三千大千世界すべてが備わっているとする天台宗の教えである。おそらく、一念三千から三世一念ということばが生み出されたのであろう。

こうした仏教的な解釈も、太宰府天満宮から亀戸天神社に伝えられたと言えるが、現在の感覚では、神社に仏教の教えが伝えられていることに違和感をもたれるかもしれない。だが、中世から近世にかけては「神仏習合」が一般的なあり方で、神社を管理したのは、境内にある神宮寺の僧侶だった。太宰府天満宮では、そのもとになる安楽寺が神宮寺となった。亀戸天神社の場合、『江戸名所図会』を見ると、本殿の右脇奥に「別当《べっとう》」と記されている。これが亀戸天神社の神宮寺となった東安楽寺で、天原山聖廟院と号した。

東安楽寺の名にも、太宰府天満宮との関係の深さが示されているが、そこから江戸時代の亀戸天神社は、「東宰府《ひがしさいふ》天満宮」とも呼ばれた。東にある太宰府天満宮というわりである。

もう一つ、太宰府天満宮の影響が考えられるのが、1月24日から25日に開かれる鷽替え神事である。これは太宰府天満宮にはあっても北野天満宮にはない行事で、天神祭で名高い大阪天満宮での鷽替え神事はよく知られている。

鷽替え神事の鷽は、幸運を招くとされる鳥のことで、木彫りの木像を「替えましょ、替えましょ」という掛け声とともに参拝者が交換する。ただし、亀戸天神社では、前の年に神社から受け取った削りかけの鷽の木像を新しいものと交換する。

鷽という字が、道真公と深いつながりのある「學」の字と似ていることから、天満宮で行われるようになったという説もあるが、それ以外、鷽が天満宮とかかわる理由を見出すことは難しい。

太宰府天満宮では、知らず知らずについた嘘をまことのこころと交換する行事と説明されている。昔は、神職が群集のなかに密かに混じり、木片の鷽を金鷽と交換し、これに当たった者は幸運者とされたという（神祇院編『官国幣社特殊神事総覧』国書刊行会）。

創建は道真公の子孫、菅原大鳥居信祐まで遡る

ではなぜ亀戸の地に亀戸天神社が祀られるようになったのだろうか。この土地が道真公と関係するわけではない。平安時代の江戸は、道真公がいた京都からは遠く、道真公も訪れたことはない。

亀戸天神社の創建は、道真公の子孫である菅原大鳥居信祐という人物に遡るとされる。

現在、太宰府天満宮の宮司は西高辻姓の人物に受け継がれているが、それは、菅原家の本邸が高辻という場所にあったからだった。鎌倉時代には、大鳥居のそばに家を構えたことで、大鳥居とも呼ばれた。信祐はそうした系譜につらなっていると考えられるが、詳しい経歴はわからない。

信祐は、正保３（１６４６）年に夢のなかでお告げを下され、太宰府天満宮前にあった

飛び梅の木で神像を造り、それを笈《おい》におさめて諸国を巡歴した。ところが、その神像を恒久的に祀るにふさわしい地を見出すことができないまま、武蔵国に至った。

最終的に信佑がたどり着いたのが本所亀戸村であった。村では、もともと天神の小祠があり、信佑はそこに天神像を奉納した。それが亀戸天神社のはじまりになるが、重要なのは、明暦3（1657）年1月に「明暦の大火」が起こったことである。これは江戸三大大火の筆頭にあげられるほど被害が大きく、江戸の街の大半が焼けた。江戸城の天守閣が焼失したのもこの火事によってだった。

こうした大災害は、後の関東大震災や東京大空襲の場合もそうだが、都市の大改造へと結びつく。大火以前、隅田川の西側は人口密集地域であったため、東側が埋め立てられ、本所や深川といった地域が誕生することとなった。

信佑が亀戸村に天満宮の小祠を祀ったのは寛文元（1661）年のことになるが、幕府から一里四方の土地を賜り、翌寛文2年に、太宰府天満宮を真似て神殿、楼門、回廊、太鼓橋が創建され、心字池も作られた。これで、亀戸天神社は本所の鎮守神となった。

寛文3年8月には祭礼も開始され、神輿渡御も行われた。寛文9年に信祐は京都に上り、亀戸天神の図を後水尾法皇《ごみずのおほうおう》に奉った。これによって菅神尊号の宸筆《しんぴつ》を賜ったとされる。

幕末の嘉永5（1852）年は道真公の950年遠忌にあたるため、江戸の街にあるそれぞれの天満宮で開帳が行われた。その際には、道真公の真筆が対象になった。亀戸天神社でも、2月15日から3月27日まで開帳されたが、後水尾法皇の宸筆も開帳されたのではないだろうか。

亀戸天神社が学問の神様になるまで

道真公は、天神として祀られるようになったことで、災厄をもたらす祟り神としての性格を次第に失い、むしろ利益をもたらす神として信仰されるようになっていく。最初は、無実の罪、冤罪から救ってくれる雪冤《せつえん》の神としてだったが、学問に深く通じていたということで、学問の神としての信仰を集め、江戸時代にはその絵姿が掛け軸として寺子屋に掲げられるようになった。これが今日の受験の神としての天神に結びつく。

その関連で、道真公は書道の神としても信仰されるようになるが、実は、道真公が実際に書いたとされる書は伝わっていない。それでも、学問に深く通じている以上、書の達人であったはずだと見なされ、真筆とされるものが世の中に流布するようになる。ただし、確証のあるものは皆無である。

950年遠忌の際には、「自在天神地名録　諸所天満宮九百五十年忌開帳独案内」という一枚刷りが刊行されている。それは、番付の形式で江戸の街にある81の天満宮を案内したもので、亀戸天神社は勧進元と位置づけられている。勧進元は興行主であり、亀戸天神社の重要性が示されている。この頃には、そうした天満宮の巡拝も行われていた（中澤伸弘「嘉永五年菅公九百五十年御忌の諸相」『明治聖徳記念学会紀要』復刊第53号、平成28年11月）。

950年遠忌から16年が経った慶應3（1867）年には、大政奉還から王政復古へと進み、徳川幕府に代わって明治政府が成立する。明治政府は、神道を中心とした国造りを進めようとして、中世からの伝統である神仏習合の体制を終わらせるため神仏分離を推し進めた。

これによって、亀戸天神社でも、別当の東安楽寺や境内にあった仏塔が廃され、明治6（1873）年には、東宰府天満宮から「亀戸神社」と改められた。亀戸天神社への改名は昭和11（1936）年のことである。

境内の摂末社の由緒

亀戸天神社の境内には、いくつかの摂末社がある。花園社、弁天社、紅梅殿、御嶽神社である。

花園社は心字池の東の畔に位置し、道真公の妻であった島田宣来子《しまだのぶきこ》と、二人のあいだに生まれた14人の子どもを祭神として祀っている。宣来子の父は島田忠臣という人物で、道真公の父、菅原是善から依頼されて道真公の教育にあたったとされる。

宣来子は、道真公が太宰府に左遷にあった後、子どもたちとともに全国をさ迷わなければならなかったとも伝えられるが、京都に留まったという説もある。

北野天満宮で宣来子は相殿に北政所吉祥女として祀られている。太宰府天満宮では、摂社の楓社に祀られている。楓社は安産の神として信仰されているが、花園社も同様の功徳があるとされる。

弁天社は、太宰府天満宮の心字池にかかる太鼓橋の横に鎮座する志賀社を寛文5（1665）年に勧請したものとされる。寛文5年は亀戸天神社創建から間もない時期になる。志賀社の祭神は海の神である綿津見三神《わたつみさんじん》である。

ならば、弁天社の祭神も綿津見三神になるはずだが、江戸時代の文人が、心字池を上野不忍の池に見立てたことから、そこにある弁天堂にちなんで弁天社となった。弁天社では、インドの女神サラスヴァティーに由来する弁才天を祀る。

弁才天は七福神の一角をなすが、水の神であると同時に芸能の神であり、さらには「弁財天」として財宝神ともなった。志賀社が弁才天に変容するのも、本所周辺の庶民が財宝神を求めたからであろう。

紅梅殿は、亀戸天神社が創建される時点で、太宰府天満宮から神木である飛梅の実生を勧請して祀ったものである。

道真公は多くの和歌や漢詩を詠んだことで知られるが、古来から梅はその格好の素材だった。現代だと、花としては桜の方がはるかに重要視されるが、江戸時代に染井吉野が開発されるまで、梅の方が関心を集めていた。

道真公も梅を愛したわけだが、太宰府に流されるときに詠んだ「東風《こち》吹かば　にほひおこせよ梅の花　主《あるじ》なしとて春を忘るな」の歌があまりにも有名である。そこから、道真公の邸宅にあった梅と松が道長公の後を慕って飛んでいったという伝説が生まれ、その結びつきはより強いものになった。

これは摂末社というわけではないが、境内には神牛殿《しんぎゅうでん》があり、道真公ゆかりの神牛像が祀られている。太宰府で道真公が亡くなった後、遺体は牛車に乗せられて運ばれたが、黒牛が突然動かなくなり、そこにあった安楽寺が墓所と定められ、やがて太宰府天満宮へと発展した。そこで、各地の天満宮では神牛が祀られているのだが、亀戸天神社の神牛殿は、昭和36（１９６１）年の鎮座３００年祭の折に建立されたもので、比較的新しい。

道真公の学問の先生と言われる尊意との関係性

一番興味深いのが御嶽神社である。本殿の東側にあるが、亀戸天神社のサイトでは、道真公の学問の先生を祀っていると説明されている。ただ、そこでは先生の具体的な名前はあがっていない。

『江戸名所図会』を見ると、その場所には「妙義」と記された建物があり、これをさして「御嶽岳の社は本社の右にあり。叡山の座主、法性坊尊意僧正の霊を勧請す。菅神の師たるによりてこれをまつるといふ。卯の日をもつて縁日とす。ことさら正月初めの卯の日は参詣群集せり」とある。

法性坊尊意は天台座主までつとめた高僧だが、道真公に仏教の教義について教えたとされ、太宰府天満宮の摂社、尊意社に祀られている。ただ、上州の妙義山でも妙義権現として尊意が祀られており、江戸時代には妙義山から巫女がやってきて、託宣を下すようになった。

尊意が生まれたのは８６６年で、道真公は８４５年に生まれている。尊意の方が21歳も年下である。もちろん、天台座主になるだけの学識を備えていたのなら、道真公の仏教の師になっても不思議ではないが、不自然な感は否めない。

尊意と道真公との関係はむしろ伝説にもとづくものである。道真公の生涯と天神として祀られるまでの経緯を記したものに『北野天神縁起絵巻』があるが、そこでは比叡山にいた尊意のもとに道真公の霊が現れる話が出てくる。『北野天神縁起絵巻』は、鎌倉時代、13世紀のはじめに制作されたものと考えられる。

道真公の霊は、尊意に対して、自分はこれから復讐を行うにあたって梵天と帝釈天の許可を得ているので、たとえ天皇の命令があっても自分をとどめないようにしてくれと頼み込む。だが、尊意は同意しない。すると、霊はもてなしのために出されたざくろの実を口にほうり込むと、それを種ごと噴き出した。すると種は炎となって燃え出すが、尊意は印を結び、火を消し止める。

その後、尊意が道真公の霊を鴨川まで追っていくと、雷雨によって川の水位が急に上がり、土手を超えて京都の街に流れこみそうになった。そこで尊意は数珠を使って祈ると、水のなかに石が現れ、そこに道真公の霊が立っていた。問答の末、霊は雲の上に飛び去り、それで雷雨も止んだというのである。

この物語が生まれたために、道真公と尊意とが結びつけられたのであり、実際には両者の間に関係はなかったと思われる。亀戸天神社が尊意の名をあげていないのも、道真公との師弟関係が伝説をもとに生み出されたからであろう。

五歳菅公像と筆塚、名物「亀戸餅」

摂末社以外に、境内にある道真公関連のものとしては、昭和52（1977）年の1075年遠忌の際に建てられた「五歳菅公像」がある。

その台座には、道真公が5歳のときに詠んだとされる「美しや紅の色なる梅の花あこが顔にもつけたくぞある」の歌が刻まれている。あこは、道真公の幼名ともされるが、11歳のときに梅を詠んだ漢詩も残されている。こちらは、詩集にもおさめられ、道真公が自ら注を施している。

鳥居の右脇には「筆塚」がある。筆塚は、寺子屋で使い古した筆を供養するためのもので、これも寺子屋で祀られた道真公に関係する。

もう一つ、興味深いものとしては、舞殿の裏にある「おいぬさま」と呼ばれる石像がある。その形からすると、元は狛犬であったと想像されるが、その由緒は神社自体も把握していない。屋根のついた小さな社におさめられており、おいぬさまは塩まみれになっている。祈願のためのようで、自然発生的に生まれた信仰である。

亀戸天神社の鳥居に向かって手前左側には、船橋屋という葛餅が有名な店がある。船橋屋は文化2（1805）年の創業で、葛餅は「亀戸餅」とも呼ばれた。現在でも、多くの参拝客がそこを訪れている。

四

白山神社

東京十社が秘めた物語

基本データ

白山神社

〒112-0001　東京都文京区白山5-31-26

TEL：03-3811-6568

創建は948年に遡り1655年現在の地に遷座

白山《はくさん》神社は文京区白山5丁目に鎮座している。都営地下鉄の白山駅に近く、白山神社の北側には東洋大学の白山キャンパスがある。

白山神社の社伝などでは、天暦2（948）年9月、加賀一宮の白山神社を、かつての本郷元町、現在の本郷1丁目に勧請したのがはじまりであるとされる。以降、白山神社は本郷元町の鎮守となった。

建武4（1337）年、足利幕府を開いた足利尊氏によって国家平安御祈願所に命じられ、永百貫文の御判物を賜ったという。永百貫文とは百両のことで、御判物とは将軍の花押のある文書のことである。室町幕府が白山神社の価値を認めたことになる。

ところが、元和2（1616）年、徳川幕府の二代将軍、徳川秀忠の命令によって、小石川白山御殿に遷座された。これは徳川幕府を開いた家康が亡くなった年である。小石川白山御殿は現在、小石川植物園（正式には東京大学大学院理学系研究科附属植物園という）となっている。慶安4（1651）年に4代将軍家綱の用地となり、現在地に遷ったのは明暦元（1655）年のことで、その際に社殿が建てられている。

それ以降、5代将軍綱吉と、その生母である桂昌院の信仰を受けるようになった。桂昌院は3代将軍家光の側室だが、八百屋の娘ではなかったかという説があり、大きな出世をとげたことから、シンデレラにたとえられることが少なくない。偶然だが、白山神社とは白山駅を隔てて向かい側にある天台宗の円乗寺には、有名な八百屋お七の墓がある。もちろん、桂昌院とは無関係である。

綱吉が館林藩主であった時代、桂昌院は小石川白山御殿に住んでおり、そこから白山神社に対する信仰が生まれたものと考えられる。そうした関係があったため、白山神社は徳川幕府によって経済的に支えられた。

白山神社には、小石川の鎮守として多くの参詣者があり、門前にはそうした者相手の茶店や売店が建ち並び、大いに繁昌した。氏子町は、旧小石川区の白山前町、指ヶ谷町、柳町、下富坂町、餌差町、表町、大門町、白山御殿町、旧本郷区の丸山福山町、丸山新町、西片町、本郷六丁目、東・西竹町に及んでいる。

三つの祭神と加賀国の白山比咩神社の白山信仰

白山神社の祭神は、菊理《くくり》姫命《ひめのみこと》、伊弉《いざ》諾命《なぎのみこと》、伊弉《いざ》冊命《なみのみこと》である。伊弉諾命と伊弉冊命については、よく知られている。なにしろ国産み、神産みを行った夫婦神だからである。それに比較して知名度が劣るのが、主たる祭神とされる菊理姫命である。

菊理姫命は『日本書紀』に登場する。その点では由緒正しい神話の神になる。しかし、登場するのはわずか一箇所で、しかも「一書」においてである。

『日本書紀』では、神話を物語った神代の部分において、別の伝承がある場合には、本文とは別に一書という形で示されている。節《せつ》によってはいくつも一書があげられることがある。

その一書において、伊弉諾命が亡くなった伊弉冊命を追って黄泉の国を訪れた際、戻るときに口論になり、そのとき菊理姫命が何かをしゃべったとされている。何をしゃべったかも明らかではないし、他の部分に菊理姫命は登場しない。正体のまったくわからない神になる。

ただ、白山神社が勧請された加賀国の白山比咩神社《しらやまひめじんじゃ》では、菊理姫命はその祭神である白山比咩神と同一視された。白山比咩神社の祭神は、白山比咩大神、伊邪那岐尊、伊弉冉尊である(同じ神でも、『古事記』と『日本書紀』ではその表記の仕方が違い、しかも神社によってどういう漢字をあてるかは異なっている)。

白山比咩大神に対する信仰は「白山信仰」と呼ばれる。石川、福井、岐阜の三県にまたがってそびえる白山に関連した信仰で、もともとは白山を御神体とするところから発している。

白山比咩神社は、かつては白山本宮と呼ばれ、神社というよりも、むしろ寺院と見なされていた。「白山《しらやま》さん」や「白山権現」が通称で、それは同時に白山比咩大神のことも指していた。白山比咩神社は白山の山麓にあるが、白山の山頂、御前峰にはその奥宮があり、そこには祭神として白山妙理大権現が祀られている。白山信仰の中心は、むしろこの奥宮である。

奥宮を創建したのは奈良時代の修行僧、泰澄《たいちょう》である。泰澄の本名は越の大徳で、682年に越前国麻生津に生まれた。11歳のときに、北陸で修行を行っていた法相宗の僧侶、道昭と出会い、神童の相が出ていると言われた。

なお道昭は、遣唐使の一員として唐にわたり、玄奘三蔵に直接師事したことで知られる。泰澄は14歳のときに、僧侶となって十一面観音の徳を施すべしという夢を見て、越前の丹生山地にある越知山で夜な夜な修行をするようになった。

36歳のときに、やはり夢のお告げで白山に登り、本地仏を十一面観音とする白山妙理大権現、聖観音を本地仏とする大行事権現、それに阿弥陀如来を本地仏とする大汝《だいなんじ》権現からなる「白山三所権現」を拝し、そこに留まって千日間の修行を行った。

ただ、泰澄についての話は、たしかな史料がないので、伝説である可能性が高い。その点では、修験道の開祖とされる役《えんの》の小角《おづぬ》と共通する。実際、同じ修験道の系統に属する愛宕信仰の中心、京都の愛宕神社の神廟を建立したのは、役の小角と泰澄であったとされている。修験道に関連するところなら、役の行者か泰澄が開山とされることが多いのだ。

寺社勢力として強大な権勢をもった白山本宮

その後、白山本宮は、さまざまな形で比叡山延暦寺との関係を深めていく。中世における比叡山は、「南都北嶺」と呼ばれ、奈良の興福寺とともに、寄進によって広大な境内地をもち、僧兵や各種の事業に従事する衆徒を抱え、朝廷や武家の政権とも拮抗した。

今日の歴史学では、そうした集団を「寺社勢力」と呼ぶが、白山本宮もまた、広範な地域に及ぶ神領とさまざまな衆徒の集団を抱えた在地の寺社勢力の一つだった。だからこそ、延暦寺の衆徒とともに、訴えを強引に通そうとする強訴に及び、自分たちの要求を朝廷に認めさせたこともあった。

この時代、白山本宮の地元では「馬の鼻もむかぬ白山権現」という言い方がされた。年貢を徴収する基礎となる土地の測量にむかう検注使の役人は馬に乗ってその仕事を行ったが、白山本宮が支配する地域には入ることができなかった。寺社には、外部の勢力が介入することのできない不入の権や税を課されない不輸の権があるとされた、一種のアジール（聖域）となったのだ。

ただし、加賀国では15世紀の終わりから、新たな寺社勢力として一向一揆《いっこういっき》が勢力を拡大していき、白山本宮に対抗していくようになる。享禄４（１５３１）年には大小一揆と呼ばれる浄土真宗内部での内紛も起こり、それは白山本宮の荒廃へと結びついた。

その後、前田家が加賀国を支配するようになると、白山本宮の復興がはかられ、前田家や加賀国の民衆の信仰を集めるようになっていく。だが、明治になると、神仏分離によって、白山本宮という寺号は廃され、現在の白山比咩神社に改称された。

白山にある白山神社について考える上でどうしても気になるのが、加賀藩前田家上屋敷の存在である。そこは現在、東京大学の本郷キャンパスとなっているが、そこから白山までは遠くない。前田家上屋敷で、どういった神が祀られていたかは明らかではないが、白山権現が祀られていた可能性は高い。

果たして両者のあいだに関係はないのか。なぜ白山神社が加賀国から勧請されたのか、その理由は定かではなく、謎である。白山信仰が修験道と深く結びついていることも、謎を深める。たまたま白山信仰にかかわる修験者が、武蔵国までやってきて、白山神社を建立したのだろうか。史料が乏しく、残念ながら、その謎を解くことはできない。

境内に鎮座する摂社と末社

白山の白山神社の境内には摂社・末社として、関東松尾神社、稲荷神社、八幡神社、浅間神社などが祀られている。

関東松尾神社は、江戸時代に、京都の松尾大社から勧請されたもので、大山咋神《おおやまくいのかみ》と中津《なかつ》島姫命《しまひめのみこと》を祭神としている。中津島姫命は、宗像三女神の一郭をなす市杵《いちき》島姫命《しまひめのみこと》の別名で、京都の松尾大社では、その名が用いられている。

松尾大社は、中世において天変地異や疫病が流行した際に、朝廷が奉幣を捧げた「二十二社」の一つに含まれ、酒造りの神としても信仰を集めてきた。そのため、関東松尾神社にも酒樽が奉納されている。

八幡神社の由来は、第70代の冷泉天皇の時代に遡る。永承６（１０５１）年4月、陸奥の安倍頼時の征伐のため、源頼義とその嫡男、八幡太郎義家が奥州街道を通っていく。その途中にある白山の地で、二人があやうく敵方の手によって焼き殺されそうになったとき、二人は社前にあった桜木に旗を立てかけ、石清水八幡宮に祈願した。すると、敵を討伐することができたというのだ。その桜は、「旗桜」として境内に残されているが、当時のものではなく、何代目かである。

他に稲荷社もあるが、興味深いのは、小石川白山御殿に遷座されたときにあった社のことである。そこでは「白山社」と呼ばれていたが、そこには氷川社と女体《にょたい》権現の二社が同時に鎮座していた。

白山社が現在の白山神社となったわけだが、氷川社は元の原町、現在の白山4丁目に遷された。これが千石にある簸川神社《ひかわじんじゃ》である。そして、女体権現は伝通院に遷された。これは弁財天になったともされる。ただし、現在はその所在は確認できない。

武蔵国一宮は大宮の氷川神社だが、もう一つ武蔵国一宮と称しているのが、さいたま市緑区にある氷川女体神社である。氷川神社の祭神は須佐之男命で、女体神社の方はその妻、奇稲田姫命《くしなだひめのみこと》である。小石川白山御殿の氷川社と女体社が、その影響を受けているのかどうかは定かではないが、注目されるところである。

氷川神社と氷川女体神社の場合、根津神社のところで述べたように、昔その周辺には見沼が広がっていた。須佐之男命は八俣の大蛇を退治したが、大蛇は洪水の象徴であり、洪水を鎮める力を有していると考えられた。そうしたことが白山の場合にも当てはまるのかどうか、それは不明である。

もう一つ、白山神社の社殿の奥には、浅間神社が祀られている。これは「富士塚」であり、鳥居も建っているが、もとは古墳だった。これが古墳であることを認めたのは、民族学者、考古学者の鳥居龍蔵で、大正5（1916）年に2台の車に分乗して、東京市内の古墳を調査してまわったときに発見した。

その著作『上代の東京と其周圍』では、「細川男爵邸内の巡視を終り、去つて小石川の白山神社の境内に行つた。此處にはお富士山と稱する小高い所があつて、これも正しく古墳である」と指摘している。この古墳が富士塚となった。

富士塚が解放される6月のあじさいまつり

浅間神社の富士塚の麓には石碑があり、そこには、「文政五壬牛歳五月吉祥日造立」と刻まれている。文政5年は1822年のことである。これは富士塚が文政年間に築かれたことを示す根拠になっており、「白山富士」と呼ばれていた。

白山富士は、富士塚としては低いし、他の富士塚で多く見られるように富士山の溶岩などが用いられているわけではない。また、よく富士塚で見られる、「何合目」と記した石碑が建っていることもない。富士塚に登ることで、富士山に実際に登ったのと同じご利益があるとされるが、白山富士だとその感覚は乏しい。富士塚と言われなければ、誰もそうは認識しないかもしれない。

この富士塚が開放されるのは、毎年6月に行われる「文京あじさいまつり」のときである。普段は閉じられていて、立ち入ることはできない。

現在、文京あじさいまつりは、文京花の五大まつりの一つとして広く知られるようになり、多くの観覧者を集めるようになっており、白山神社とそれに隣接する白山公園にはおよそ3000株の紫陽花《あじさい》が植えられている。

あじさいまつりが開かれるようになるのは、昭和60（1985）年からのことで、五大まつりのなかではもっとも遅くはじまっている。これは、紫陽花に対する関心が、比較的近年にはじまったことを意味している。

白山神社の場合には神社ということになるが、各地には「あじさい寺」と呼ばれ、紫陽花で名高い寺院が数多く存在している。東京近郊では、鎌倉の明月院がよく知られている。

ただ、大澤啓志と新井恵璃子の報告によれば（「我が国におけるアジサイの植栽に対する嗜好の時代的変遷」『日緑工誌』42（2）、2016年）、旅行雑誌の『旅』において、明月院があじさいの名所としてはじめて紹介されたのは1964年のことで、あじさい寺としての初出は68年のことだという。戦前からあじさいを植えていた寺はあるが、明月院で植えられるようになるのは、51年以降と考えられる。そして、あじさい寺の流行は、60

年代以降のことなのだ。

カラー写真の普及によりあじさいや京都がブームに

同じ報告によれば、江戸時代まで、紫陽花は注目されることは少なく、園芸の盛んになった江戸時代でも、紫陽花の栽培がブームになることはなかったという。それも、紫陽花が接ぎ木によって簡単に育つからで、園芸業者にしてみれば、商品価値はあまり高くなかったのだ。

これは、拙著『京都がなぜいちばんなのか』（ちくま新書）で述べたことではあるが、観光地としての京都が注目され、ブームになるにあたっては、カラー写真の普及が大きかったと考えられる。

たとえば、苔寺（西芳寺）のことを考えてみればいい。戦前にここを訪れる観光客はほとんどいなかった。多くの観光客が訪れるようになるのは昭和30年代後半からである。その時期には写真家の土門拳が、カラーで苔寺を撮影している。雑誌などのカラー・グラビアによって頻繁に京都が紹介されるようになるのはもう少し後のことになる。

今から60年前、私の子ども時代には、写真はモノクロだった。やがてカラー写真が撮れるようになるが、簡単に現像ができるわけではなく、スライドだった。やがてカメラで簡単にスナップを現像してくれるようになった。それがデジカメになりスマホになった。

モノクロとカラーでは、受ける印象は大きく変わる。カラー写真の普及が京都観光の有力な後押しになったことは間違いない。伏見稲荷大社の千本鳥居も、カラー写真でしか魅力あるものには見えないはずだ。

紫陽花は、花としては地味である。たくさん群生してこそ、その魅力を発揮するが、写真写りは悪くない。カラーで写真を撮影することが当たり前に行われるようになったことが、あじさいまつりの注目度を上げたのではないだろうか。

これは、白山神社の信仰とは直接結びつかないが、境内には、中国で辛亥革命を起こした孫文にまつわる石碑がある。それが、「孫文先生座石」と刻まれたもので、石碑の下になっている黒い石に孫文は腰をかけたという。

当時孫文は、白山神社に近い小石川原町にあった社会運動家、宮崎滔天《とうてん》宅に身を寄せていた。孫文は、滔天とともにこの石の上に座り、中国の将来について語り合ったが、そのとき、流星が現れ、孫文は、それに対して中国での革命の実現を誓ったという。

この流星が明治43（1910）年に地球に近づいたハレー彗星である。ハレー彗星は75・32年周期で地球に接近する。ただし、孫文とそのとき一緒だったのは、滔天の長男、龍介だったらしい。

戦後の文京区の誕生から白山はにわかに文京地域になる

当時の滔天一家はかなり貧乏をしていたようだが、白山周辺には、スラム街が広がっていたとされる。花街も形成されていた。小説家の樋口一葉は白山神社の氏子地域に含まれる指ヶ谷町に住んでいて、「銘酒屋」と呼ばれた私娼窟の私娼たちと交流があった。『にごりえ』はそこから生まれた作品である。最盛期となった昭和初期には約90軒の待合があり、芸妓の数は２００人にも達したという。

文京区が誕生したのは戦後の昭和22（１９４７）年のことで、東京大学や東洋大学を筆頭に数多くの学校があり、文教地域となっているからである。しかし、江戸時代から明治時代、さらには昭和初期の時代まで、白山は、決して文教地区ではなかった。今なら白山の「黒歴史」とも言われるかもしれないが、その分、活力のある庶民の街であったとも言える。

白山信仰には、歯の神としての要素がある。白が歯に通じるからである。あるいは、歯槽膿漏による口臭から、「はくさ」が「はくさん」となまったという説もある。

現代の街のなかには、歯医者が実に多い。それだけ、歯の痛みや病に苦しむ人間が多いからである。

しかし、昔の時代には、歯医者など存在しなかった。ただ、朝廷や幕府には、「口中医」という人間たちが仕えていた。ところが、庶民はその恩恵にはあずかることができず、「歯抜き師」や「入れ歯師」といった職人に頼るしかなかった。そこに歯の神が求められる素地があった。

当然ながら現在のような歯ブラシもなかった。ただ、歯の表を擦る「歯木」や、ブラシ状になった「房楊枝《ふさようじ》」も使われるようになる。

曹洞宗を開いた道元は、日常の所作全体を修行としてとらえ、便所を使う際の作法まで定めたが、歯についてはは楊枝を使うように勧めている。ただ、道元が開いた現在の永平寺では歯ブラシが用いられている。

各地の白山神社のなかには、歯の神を祀っていることで知られているところがある。杉並区の荻窪白山神社がその一つで、「歯」と書いたお守りも頒布している。

白山の白山神社では、「歯苦散」という語呂合わせから、歯の苦しみにご利益があるとされ、6月4日の虫歯予防デーには、「白山歯守《はもり》」が授与される。

また、あじさいまつりの最終日には、「歯ブラシ供養」が行われ、使い古した歯ブラシを持って行くと、数量限定だが新しいものに交換してくれる。

五

王子神社

東京十社が
秘めた物語

基本データ

王子神社
〒114-0022　東京都北区王子本町1-1-12
TEL：03-3907-7808
FAX：03-3907-7839
http://ojijinja.tokyo.jp

和歌山県熊野との深いつながり

王子神社は北区王子本町に鎮座している。

王子という地名は王子神社に由来する。JRの王子駅に隣接する形で飛鳥山《あすかやま》公園があり、そこは江戸時代から桜の名所として知られてきたが、明治6（1873）年に、上野、芝、浅草、深川とともに太政官符によって日本最初の公園に定められる以前には、王子神社の境内地だった。

王子神社と飛鳥山公園の間には石神井川《しゃくじいがわ》が流れているが、このあたりでは「音無川《おとなしがわ》」とも呼ばれ、現在では、音無親水公園が整備されている。なぜ音無川と呼ばれるのか、それは、和歌山県の熊野とのつながりが深いからである。

王子神社の祭神は、伊邪那岐命、伊邪那美命、天照大御神《あまてらすおおみかみ》、速玉之男命《はやたまのおのみこと》、事解之男命《ことさかのおのみこと》からなる王子大神である。

伊邪那岐命と伊邪那美命、そして天照大御神については説明の必要がないだろうが、速玉之男命と事解之男命は熊野で祀られてきた神である。ここに、王子神社と熊野とのつながりの深さが示されている。

王子神社の鳥居までのぼっていく坂は「権現坂」と呼ばれる。これは王子神社が、明治以前に「王子権現」と呼ばれていたことに由来する。

なぜ王子の地に熊野とつながりが深い神が祀られているのか。それは王子神社の成立を考える上で鍵となる問いだが、その理由を明らかにすることは難しい。

王子神社自身の解説するところでは、創建の事情はつまびらかではないという。ただし、八幡太郎とも呼ばれた源義家が奥州征伐に赴く際に、王子神社の社頭で慰霊祈願を行い、甲冑を納めたという。ならば、それ以前から王子神社は鎮座していたことになる。

ただ、この地域の領主となった豊島氏が紀州熊野三社から王子大神を迎え、「若一《にゃくいち》王子宮」として奉斎したのは元亨２（１３２２）年のことで、熊野にならって周囲の景観も整えられたという。

戦国時代になると、領主は小田原北条氏にかわり、篤く崇敬されたというが、徳川家康は天正19（１５９１）年に朱印地２００石を寄進し、将軍家祈願所と定めた。３代将軍家光になると新たに社殿を造営しただけではなく、縁起絵巻「若一王子縁起」三巻を作らせ、それを王子神社に寄進した。

代々の徳川将軍が社殿を造営し飛鳥山を寄進

その後代々の徳川将軍が王子神社の造営修繕をはかり、権現造の社殿の他、神門や舞殿が整えられ、摂末社も17社を数えるほどになった。

とくに重要なのは８代将軍吉宗の貢献である。吉宗は紀州の出身で、紀州にゆかりのある王子神社に元文２（１７３７）年に飛鳥山を寄進した。飛鳥山には１２７０本の桜が植えられ、庶民に開放されたことから、そこは桜の名所となったのである。

これが神社側の由緒についての説明だが、昭和３（１９２８）年に刊行された東京府王子町編『王子町史』になると、史料をもとに、そのあたりの事情がもう少し詳しく述べられている。

まず源義家が甲冑を社頭に納めた話については、王子神社の別当となる金輪寺を建てた上でそれを行ったとされ、それは康平（１０５８〜65）年間のことだとされる。甲冑は王子神社に伝わっていたが、万延元（１８６０）年12月の火災で焼失し、金具だけが残された。なお、金輪寺はそのときの火災で焼失してしまう。現在の金輪寺は、その子坊が名前を受け継ぎ、明治時代に再興されたものである。

『王子町史』では、金輪寺が所蔵する文保２（１３１８）年の文書に「武州豊島郡熊野権現」の名があげられていることから、それ以前から王子神社が祀られていたことを指摘し、その上で、紀州三上ノ庄の地頭であった豊島有経が、熊野権現を勧請したのではないかとしている。有経は平安時代後期から鎌倉時代初期の武将なので、王子神社の創建は12世紀の終わりから13世紀のはじめにかけてのことと推測される。王子権現ではなく、熊野権現となっていたところが注目されるが、王子神社は熊野信仰の系列に属するととらえられていたのである。

『王子町史』は、小田原北条氏や徳川家の代々の将軍がいかに篤く王子神社を崇敬したかにもふれ、吉宗については、享保20（１７３５）年に参拝し、縁起などを見たとする。そして、翌元文元年には、金輪寺の御座所下から権現山下まで70余間にわたって一面に山吹を植えることを命じたという。吉宗が飛鳥山を寄進したのは、さらにその翌年であった。

天保５（１８３４）年から天保7年にかけて刊行された『江戸名所図会』では、王子権現について、「本殿　祭神　伊弉諾尊　左速玉男命　右事解男命　三神鎮座」とある。現在の祭神に含まれる伊邪那美命と天照大御神については言及されていない。ただ、伊邪那岐命と伊邪那美命が国土を産む上で、大きな貢献をなし、亡くなった伊邪那美命は紀州熊野村におさまり、熊野大神となったとされる。こうした話は熊野では伝えられていない。

『江戸名所図会』を見ると、王子神社の境内にはさまざまな神々が祀られていたことがわかる。社殿の背後には、高くなった部分があり、そこには東照大権現と大神宮が祀られている。東照大権現は家康を祀ったものだが、大神宮は天照大神を祀ったものであり、これが今日になって本殿の祭神に加えられたと考えられる。

文政13（1830）年に成立した『新編武蔵風土記稿』では、王子神社の末社として、天照太神、飛鳥明神、聖宮、天神、三十番神、山王、関明神、荒神、十二所氷川浅間合社、八幡蔵王白山合社などがあげられている。関明神を除いて、こうした末社は現存しない。では、熊野権現、あるいは熊野大神にまつわる信仰はどのようなものなのだろうか。

皇族の熊野詣がはじまり「熊野古道」が整備される

それに関連し、「蟻《あり》の熊野詣」ということばがある。室町時代に入ると、地方の豪族などが熊野へ参詣に出掛けるようになる。そして、江戸時代に入ると、一般の庶民も参詣に熊野を訪れるようになった。その数があまりにも多く、蟻の行列のように続いたことから、蟻の熊野詣ということばが生まれた。

もちろんのこと、熊野詣は地方豪族や庶民がはじめたものではない。その先鞭をつけたのが上皇やその后である女院たちで、それは「熊野御幸《ごこう》」と呼ばれた。天皇の場合には行幸だが、上皇や女院は御幸という言葉が使われる。

最初に熊野御幸を行ったのは延喜7（907）年の宇多上皇である。次いで、正暦3（992）年に花山上皇が熊野御幸を行っている。花山上皇は、那智の滝の上流にある二の滝に庵を結んで千日の修行を行ったとか、その後西国三十三所霊場の旅に出て、それが西国三十三所のはじまりだともされている。その後、鎌倉時代に入るまで熊野御幸がくり返される。

初期の熊野御幸では、海路が使われたり、伊勢路を通ったりした。寛治4（1090）年に白河上皇が御幸した折りには、京都から大阪を経て和歌山に入り、田辺から中辺路を通って熊野へと至る参詣のための道が整備された。この道が、現在の「熊野古道」である。

近代に入ると、神仏分離の影響もあり、熊野詣をする人間は激減し、街道も荒廃してしまう。熊野詣が盛んな時代には、街道沿いに多くの神社が祀られていて、そこを順に参拝していくことが参詣の目的にもなっていた。

その数が多いことから「九十九王子《くじゅうく》」と呼ばれていたが、それは一部しか現存しない。ここでいう王子とは、参詣の途中で儀礼を行う場所のことである。ここに熊野と王子の結びつきがある。

もともと熊野詣が盛んになるのは、平安時代に浄土信仰が流行してからである。現在熊野那智大社がある那智は観世音菩薩の住んでいる補陀落浄土と見なされ、その一方で、熊野速玉大社のある新宮は薬師如来の住む東方瑠璃浄土と見なされた。熊野が浄土であるからこそ、さまざまな人々が熊野詣を行ったのである。

王子神社では、熊野の地勢をそのまま移したという。その痕跡が、今日の音無親水公園に残されているとも言えるが、かつては「王子七滝」と呼ばれ、とくに「不動の滝」が有名だった。

その光景は安藤広重が「名所江戸百景　王子不動之滝」に描いているが、それが実際の姿なら、熊野の那智の滝にも匹敵する。

七つの滝があったことから、「王子七滝」と呼ばれた。名主の滝、弁天の滝、権現の滝、稲荷の滝、大工の滝、見晴らしの滝、そして不動の滝となっていた。戦後の護岸工事で姿を消したものが多い。

残っているのは、「名主《なぬし》の滝」で、これは男滝《おだき》を中心に、女滝《めだき》、独鈷《どっこ》の滝、湧玉《ゆうぎょく》の滝からなり、現在は名主の滝公園となっている。また、権現の滝は音無親水公園に復元されている。都内の滝は貴重であり、今なら、護岸工事に対して滝を残すべきだという強硬な反対運動が巻き起こったであろう。

桜の名所の嚆矢となる飛鳥山

吉宗によって、飛鳥山が王子神社に寄進されたわけだが、そこは桜の名所になっていく。日本では、奈良時代には梅の花が愛されていたが、平安時代に入ると、桜が愛好されるようになる。ただし、その時代の桜はヤマザクラであった。有名な吉野の桜もヤマザクラである。

それが、江戸時代になると、品種改良が進められ、今日のソメイヨシノに近い桜が生み出され、それとともに、江戸では、そうした桜を植えた名所がいくつも誕生する。

その代表が上野の寛永寺である。ただし、徳川家ゆかりの格式ある寺の境内ということもあり、また、昼の間しか入れないため、やがて花見の人気スポットは浅草に近い隅田川堤や飛鳥山に移っていった。飛鳥山に桜を植えた吉宗自身、飛鳥山で花見をし、酒宴を催したとされる。

それによって、飛鳥山は江戸随一の花見の名所となり、そこでは、酒宴はもちろん、「仮装・鳴り物・音曲おかまいなし」とされた。江戸の庶民は花見をするために仮装までしたのである。

落語に「花見の仇討ち」という噺がある。舞台は、落語家によって、飛鳥山になったり、上野になったりするが、4人組の江戸っ子が、江戸中をあっと言わせるような花見の趣向を考えるというものである。

彼らが思いついたのが、巡礼兄弟の仇討ちだった。皆が花見に興じているなかで、巡礼の兄弟が、仇の浪人に対して斬りかかる。それを六部が仲裁し、酒宴になって、周囲を驚かすという趣向である。

六部は、六十六部とも呼ばれ、全国にある66の霊場に法華経を一部ずつ奉納すると称して、庶民から銭を集めた行脚僧である。本当に霊場を回っていることを証明するために、個々の霊場で納経請取状を貰った。これが今日の御朱印のルーツともされている。

落語では、六部役が三味線と太鼓を借りに行った家で酔いつぶれ、仇討ちに間に合わなかったため、大騒動に発展するという落ちになる。そんな落語があるのも、飛鳥山の花見には多くの人が集まり、仮装や芝居で花見客を驚かせることが許されていたからである。

これは、現在のハロウィーンの仮装に通じるものである。

明治になると、飛鳥山は政府によって召し上げられ、公園となったわけだが、王子神社の境内地だった名残がある。それが、「飛鳥山碑」である。

これは、吉宗が飛鳥山を王子神社に寄進した元文2年に、別当であった金輪寺の住職、宥衛が建立したものである。石材は、紀州から献上され、江戸城内にあったものが使われた。碑文は吉宗に近侍した儒学者の成島道筑《なるしまどうちく》によるものだが、使われている字が難解であったため、「何だ石碑かと一つも読めぬなり」といった川柳が詠まれたほどだった。

その冒頭は「惟南國之鎮曰熊埜之山」となっており、それは「これ　なんごくのしずめを　くまののやまという」と読み下される。たしかに難解である。道筑としては将軍吉宗の功績を讃えるために、自らの知識を総動員したのだろうが、庶民が読めないのでは役立たなかったかもしれない。現在の碑には屋根がついている。

飛鳥山公園の一角には、実業家であった渋沢栄一の旧邸、「曖依村荘《あいいそんそう》」跡の庭園が旧渋沢庭園として残されている。また、渋沢に関連する建物としては晩香廬《ばんこうろ》と青淵文庫《せいえんぶんこ》がある。晩香廬は、渋沢の喜寿を祝って建てられた洋風茶室で、青淵文庫は渋沢の傘寿を祝って建てられた書庫である。

公園内には、郷土史料館である北区飛鳥山博物館と紙の博物館のほかに渋沢資料館もある。2024年度から発行される新しい一万円札の顔は渋沢栄一になる。それによって、改めて飛鳥山公園が注目されることになるだろう。

飛鳥山碑の最後の部分には、「本支」という表現が出てくる。ここで言う「本」が王子神社のことで、「支」は王子神社の北に位置する王子稲荷神社のことである。これを記しているのは金輪寺の住職だったわけだが、金輪寺は王子神社とともに王子稲荷神社の別当でもあった。ただ、王子稲荷神社が王子神社の摂末社というわけではない。

王子神社の由緒から誕生した行事

王子稲荷神社には、「王子の狐火」が伝わっている。これは、面白いことに絵から生まれた行事である。

すでに「若一王子縁起絵巻」のことについてはふれたが、作画を担当したのは狩野派の絵師、狩野尚信であった。その絵巻のなかに、「三十三国狐の装束場」があり、王子に狐が集合してくる場面を描いたものだが、そうした伝説が伝えられていたことがわかる。

これにヒントを得て、安藤広重が『名所江戸百景』に描いたのが「王子装束ゑの木大晦日之狐火」である。そこでは、大晦日の夜に榎の下に狐たちが集まってくる光景が描かれている。

それをもとに、平成5（1993）年の大晦日から元旦にかけて「王子狐の行列」という行事が生まれ、狐に扮した行列が、王子稲荷神社の摂社で、JRの線路を隔てて向かい側にある装束稲荷神社から王子稲荷神社へ向かうことになった。なお、王子稲荷神社には

「狐おどり」という民俗芸能もあり、落語にも「王子の狐」という演目がある。

王子神社の境内にある摂社としては関神社がある。すでにふれたように、かつては関明神と呼ばれていた。関神社の祭神は、蝉丸公《せみまるこう》、逆髪姫《さかがみのひめ》、古屋美女《ふるやのびじょ》である。蝉丸公は平安時代前期の歌人で、「これやこの行くも帰るも別れては知るも知らぬも逢坂の関」の歌が『小倉百人一首』に収録されていることで知られ、第58代光孝天皇の皇子とも言われるが、正体ははっきりしない。

能の演目に「蝉丸」がある。

蝉丸公は皇子として生まれたものの盲目で、逢坂山に捨てられる。廷臣の清貫は、蝉丸公に蓑、笠、杖を与えて出家させ、蝉丸公は庵に住まうことになる。その庵に、生まれつき逆立った髪を持ち、それで狂ってしまった女性が流れ着いてくる。その女性は実は蝉丸公の姉だった。二人は、涙ながらに自分たちの不幸を嘆き、最後は別れ別れになっていく。

この伝説から生まれたとされるのが関神社で、蝉丸公が「髪の祖神」として祀られている。したがって、女性が髪が足りないときに補う髢《かもじ》や鬘《かつら》、床山の業界から信仰を集めているが、蝉丸公が琵琶の名手とも伝えられているので、舞踊や演劇業界の人々も信仰している。戦災で焼失したが、昭和34（1959）年に再建されている。

境内で珍しいものがあるとすれば、狛犬である。狛犬は、どの神社にもあり、魔除けともされるが、王子神社の狛犬は右側が父親、左側が母親で、父親の方は子どもをあやすための鞠を持ち、母親は子どもを守っている。これが奉納されたのは昭和51（1976）年のことである。

例大祭の式次第と実際の内容

王子神社の例大祭は「槍祭《やりまつり》」と呼ばれ、8月上旬に行われる。江戸時代に江戸の神仏のご利益について記した『願懸重宝記』が作られたが、それには、槍祭について、「神前に小き槍を置て祈念なすに悪事災難をまぬかるる」とある。

現在では、その際に神輿の宮出しがあり、田楽舞が行われる。田楽は一番の「中門口」をはじめ、二番「道行腰筰」、三番「行違腰筰」、四番「背摺腰筰」、五番「中居腰筰」、六番「三拍子腰筰」、七番「黙礼腰筰」、八番「捻三度」、九番「中立腰筰」、十番「搗筰腰筰」、十一番「筰流」、十二番「子魔帰」がある。

江戸時代には、別当である金輪寺の若僧や稚児《ちご》僧が舞手をつとめたが、明治の神仏分離以降は、王子神社が担うようになった。現在では小中学生がつとめている。

『願懸重宝記』によれば、直垂《ひたたれ》を着て、花笠を被った8人の舞童が、鼓、太鼓、ささらなどを持ち、４人ずつ二列に並び、楽の音につれて舞う。それに護衛として甲冑を着た武者がつくが、そのうち二人は八振の大太刀と薙刀を持ち、もう一人は太刀を佩いて青竹を持つ。それ以外にも20人ほどが麻裃で警固として従う。

舞が終わると、舞童は花笠を投げるが、これは魔除けになるということで、縁起物として人気が高かった。ところが、舞が終わらない間に、舞台に上がり、花笠を奪うような風潮も生まれ、そこから「喧嘩祭り」と呼ばれるようになり、それが名物ともなったという。現在では、「福まき」として菓子や手拭いが撒かれている。

なお、田楽に先立って田楽行列、露払い、檜合わせ、七度半の儀礼が行われる。ここに檜が登場する。

田楽は平安時代からはじまる日本の伝統芸能で、王子神社のものは、古い形を残しているとされる。いつはじまったかはわからないが、江戸時代から連綿と続けられてきた。ただし、戦時中に中断され、東京大空襲で道具衣装がすべて焼失してしまった。復興されたのは昭和58（１９８３）年のことである。

他に、12月6日には「熊手市」が開かれる。これは、東京ではその年最後の酉の市とされる。

『江戸名所図会』では、王子神社でかつて行われていた「花鎮の祭祀」にふれられている。

これは、熊野大神を花をもって祀り、笛を吹き、鼓を打って舞うものだったようだ。

また、王子稲荷神社の方には、毎年正月17日に行われる「十八講」という行事が伝えられていた。これは、金輪寺の住職を招き、酒飯を饗するものだが、高く盛った飯や大きな柄杓や盥に入った酒を無理に勧めるもので、慶應年間まで行われていたという。

六

日枝神社

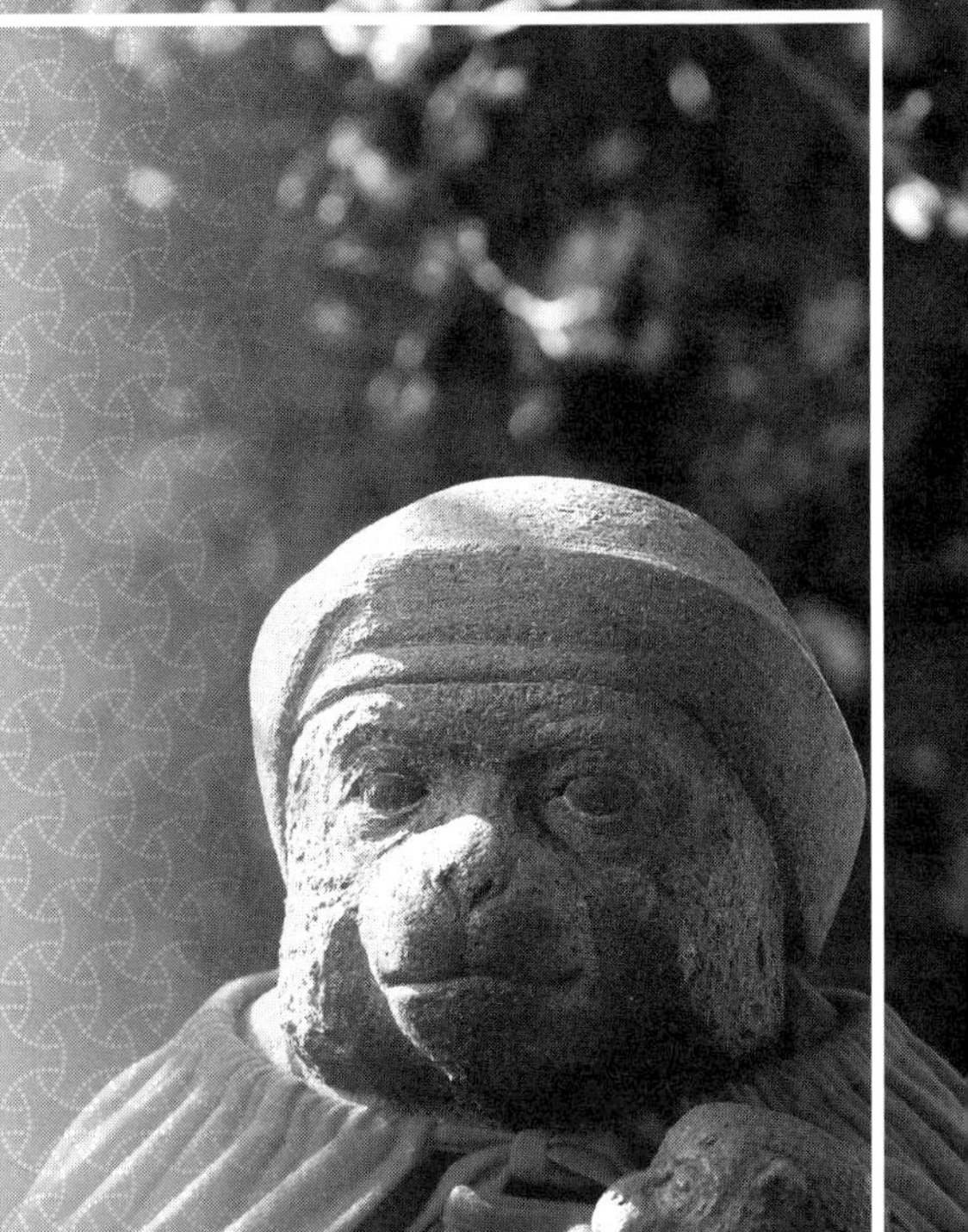

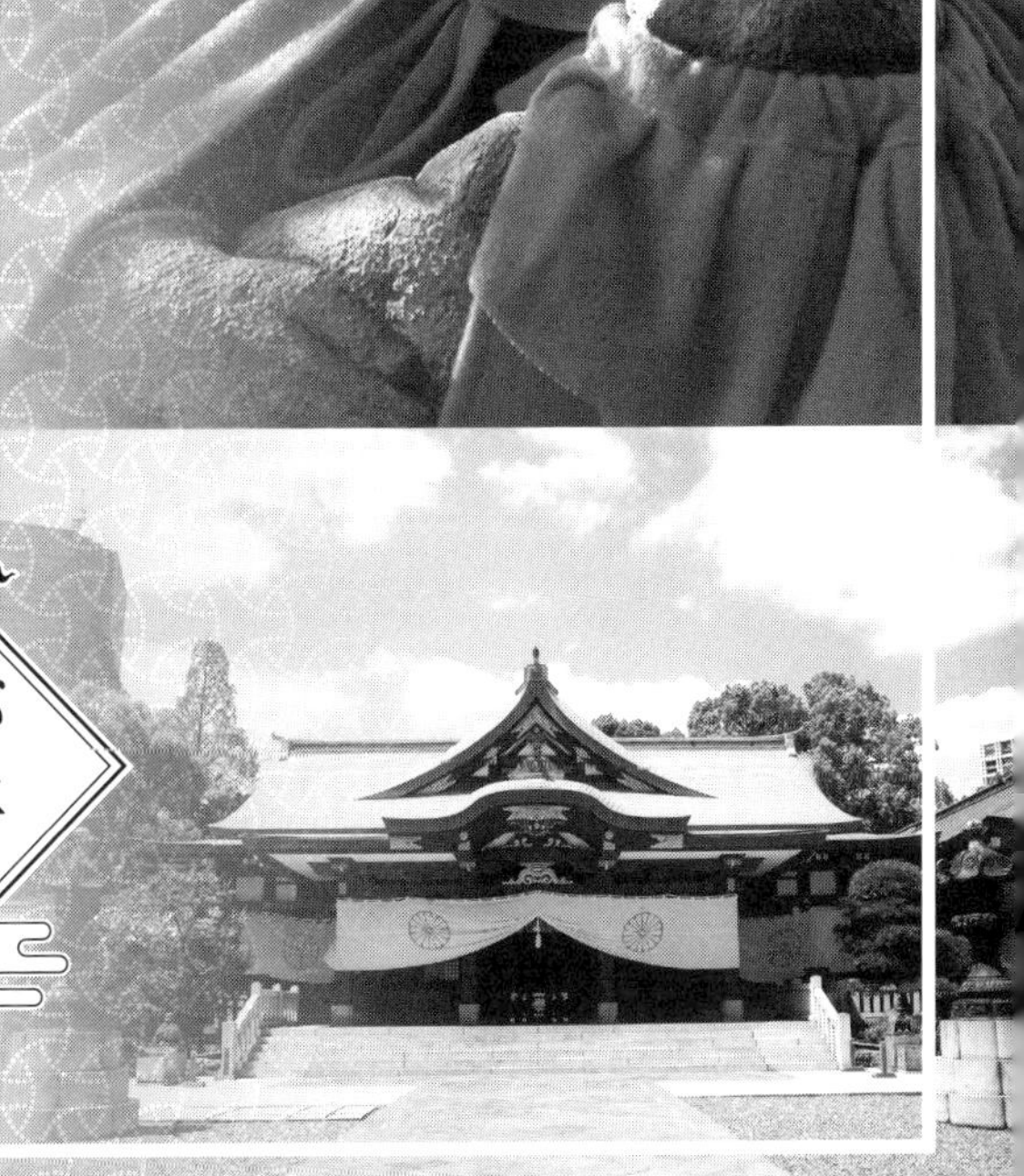

東京十社が
秘めた物語

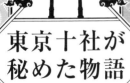

基本データ

日枝神社

〒100-0014　東京都千代田区永田町2-10-5
TEL：03-3581-2471
FAX：03-3581-2077
https://www.hiejinja.net/

江戸時代は徳川将軍家の守り神、明治以降は皇居の守り神

日枝神社は千代田区永田町2丁目に鎮座している。

永田町といえば、国会議事堂や首相官邸があり、日本の権力機構の中枢をなしている。江戸時代には江戸城が近いだけに、各藩の大名屋敷が建ち並んでいた。永田の町名の由来は、日枝神社の門前に永田姓を名乗る旗本が住んでいたからだという。近代になると、陸軍省や参謀本部など陸軍の中枢がおかれるようにもなった。東京十社のなかでも、これだけ東京の中心に位置しているところはない。まさに都会の神社である。

そうした立地条件もあり、江戸時代の日枝神社は、徳川将軍家の守り神とされた。そして、明治以降は皇居の守り神である「皇城の鎮《しずめ》」とされるようになる。

主たる祭神は大山咋神《おおやまくいのかみ》で、相殿には国常立神《くにのとこたちのかみ》、伊弉冉神《いざなみのかみ》、足仲彦尊《たらしなかつひこのみこと》が祀られている。大山咋神は『古事記』に登場する神で、別名を山末之大主神《やますえのおおぬしのかみ》という。

その名からして、山と深く関係することは明らかで、山の地主神であり、農耕を司る神である。東京十社のなかで、大山咋神は根津神社の祭神と一つとなっているし、また、白山神社の摂末社である関東松尾神社の祭神でもある。

大山咋神を祀る著名な神社としては、比叡山の麓にある日吉大社と、京都の葛野に鎮座している松尾大社がある。大山咋神が比叡山と葛野に祀られていることは『古事記』に記されている。日枝神社と日吉大社の関係は深い。この神社を考える際には、その点が極めて重要なことになってくる。

国常立神は、『古事記』や『日本書紀』で最初期に現れたとされてはいるものの、何をしたのか具体的なことはいっさい伝えられていない。伊弉冉神は、夫の伊邪那岐神とともに、国生み、神生みを行った。東京十社では、白山神社の祭神ともなっている。

足仲彦尊は、第14代の仲哀天皇《ちゅうあいてんのう》のことで、『日本書紀』では足仲彦天皇と呼ばれる。仲哀天皇の皇后が神功皇后《じんぐうこうごう》で、二人の間の子どもが第15代の応神天皇《おうじんてんのう》であった。

『古事記』によれば、仲哀天皇は天照大神の神意に逆らったことで命を落とし、代わりに神功皇后が新羅を攻めることになる。その間、皇后の胎中にあったのが応神天皇で、そこから胎中天皇とも言われるが、後に八幡神と習合したことはよく知られている。

日枝神社創建までのいきさつ

相殿に祀られている三柱の神がなぜ日枝神社で祀られるようになったのか。それは日吉大社の影響である。日枝神社の創建について、一時は、文明10（1478）年に、太田道灌が川越の喜多院にあった山王社から勧請したことにはじまると言われていた。たしかに喜多院には山王社が祀られており、現在は日枝神社と呼ばれている。

しかし、熊野の那智大社に伝われる「米良文書」によれば、貞治元（1362）年の時点で、江戸郷と呼ばれた江戸城の周辺地域に山王宮があったことが判明している。この山王宮は、同じく川越の上戸にある日枝神社から勧請されたものである。川越の日枝神社は、京都東山の新日吉山王社（現在の新日吉神宮）から勧請されたもので、明治以前は新日吉山王宮と呼ばれていた。

どちらにしても川越との関係が深い。川越は、近年「小江戸」として多くの観光客を集めるようになっているが、鎌倉時代に河越氏が権勢を誇った後、太田道灌によって河越城が築かれ、それからは武蔵国支配のための重要な拠点になった。江戸時代の川越藩も、大藩として君臨し、その藩主には徳川幕府の大老や老中があてられた。

江戸郷の山王宮が最初に鎮座したのは、江戸城内の梅林坂で、徳川家康の手によって紅葉山に祀られた。紅葉山は、江戸城西丸の東北にあり、やがて家康の廟所《びょうしょ》が設けられることになる場所である。

その後、2代将軍、秀忠の時代に、江戸城の拡張工事が行われ、その際に、半蔵門外の麹町隼町に移された。隼町には現在、国立劇場と最高裁判所がある。

ところが、明暦3（1657）年正月19日に江戸では大火が起こり、山王宮も類焼したため、4代将軍家綱は、松平忠房の邸を社地として召し上げ、現在地に新しく社殿を建てている。

このように、日枝神社は徳川氏によって篤く信仰されてきたことになる。

ではなぜ、そうした信仰が生まれたのだろうか。

天台宗僧侶、天海の影響で徳川家は日枝神社を信仰

日光東照宮の由緒を示した『東照大権現縁起』には、「義貞（新田）山王権現に鬼切をささげて子孫の征夷大将軍をいのる。神慮感応あって予其職にのぼる、是神徳也」とある。これは、『太平記』にある、義貞が鬼切という太刀を日吉大権現に奉った話をもとにしている。新田氏は清和源氏に連なっており、家康としては、自分も源氏の末裔であることを示すために、新田氏の子孫であることを強調した。おそらく、そうした事情から、『東照大権現縁起』に出てくる話が後世に作り上げられたのであろう。

岡田米夫編『日枝神社史』（日枝神社御鎮座五百年奉讃会、1979年）では、この話

とともに、家康の政治顧問となった天台宗の僧侶、天海の勧めが加わった可能性が示されているが、こちらの方が理由としては大きいのではないだろうか。

天台宗の総本山である比叡山延暦寺は、奈良の興福寺とともに「南都北嶺《なんとほくれい》」と言われ、中世においては絶大な権勢を誇った。その点で、家康が天台宗と関係を結ぶのは自然なことで、家康の孫にあたる3代将軍家光は、将軍家の菩提寺として天台宗の寛永寺を建てている。寛永寺は、東の比叡山ということで、東叡山と号した。家康の死後、家康を東照大権現として祀ったのも天海だった。

天海は、自らが唱えた「山王一実神道《さんのういちじつしんとう》」、あるいはその背景にある「山王神道」の考え方をもとに家康を祀ったのだが、山王とは滋賀県の日吉大社の別称である。その影響で、徳川の代々の将軍は、日枝神社を篤く信仰するようになったと考えられる。

では、滋賀にある日吉大社はどのような神社なのだろうか。

二十二社については、白山神社のところでもふれたが、日吉大社がそのなかに加えられるようになるのは、一番最後のことだった。それは、日吉大社が畿内《きない》（山城、大和、河内、和泉、摂津の5ヵ国）には含まれない近江にあったからである。だが、二十二社の信仰が形成される中世の時代には、すでに述べたように比叡山延暦寺の社会的な影響力が強まり、それにともなってその地主神である日吉大社の存在感も高まっていった。

『日吉社禰宜口伝抄』（写本は１０４７年＝永承２年）という史料には、日枝神社の祭神となった大山咋神は、もともと比叡山の東の尾根にある八王子山（牛尾山も呼ばれ、小比叡峰の別称もある）に祀られていた地主神だとされている。八王子山の山頂には、金大巖《こがねのおおいわ》と呼ばれる10メートルほどの巨大な磐座があり、その手前には、日吉大社の摂社となる牛尾神社と三宮神社が鎮座している。私も最近、金大巖に登ってみたが、日吉大社の初まりはここかと実感した。

最澄が比叡山を開くまで

比叡山を開いた最澄は、天平神護２（７６６）年、ないしは３年に、滋賀県大津市坂本の一帯を支配していた豪族の三津首百枝《みつのおびとももえ》を父として生まれた。宝亀11（７８０）年には近江国分寺の行表のもとで出家得度し、延暦４（７８５）年に東大寺で具足戒を受け、正式な僧侶になっている。比叡山に登ったのはこの年のことで、そこで一乗止観院という延暦寺の前身にあたる草庵を結んだ。ただ、最澄が登る前から、比叡山は修行の場として認識され、活用されていたようだ。

最澄はその後、延暦16（７９７）年に、天皇の安穏を祈願する内供奉十禅師《ないくぶじゅうぜんじ》に就仕し、延暦23年には、空海と同じときの遣唐使とともに唐に渡り、天台宗の教学の中心となっていた天台山で学んでいる。天台宗は、中国で天台大師智顗《ちぎ》が開いたもので、『法華経』を中心となる経典としており、誰もが仏になることができると説いていた。

最澄が唐にわたる3年前には、長岡京から平安京への遷都が行われた。これによって、京が都と定められたわけで、まったくの偶然ながら、最澄の登った比叡山の近くに都が遷ってきたことになる。しかも、延暦寺は都の東北、鬼門の方角に位置する形になった。延暦寺が鬼門の位置を占めることで、禍が起こることを封じていると考えられるようになるのである。これも、比叡山の重要性を増すことにつながった。

最澄は、日吉大社についても延暦寺を守護する神社としてとらえた。中世においては、日本の神々には仏法を守護する役割が与えられ、神社と寺院は密接な関係を持った。やがて日吉大社の祭神は、「山王権現」と呼ばれるようになる。山王と呼ばれたのは、最澄が中国で学んだ天台山国清寺で、周の霊王の王子である晋が道教の神である山王元弼真君《さんのうげんひっしんくん》として祀られていたことに由来する。

中世の寺社は、多くの土地を寄進され、強い力をもっており、僧兵さえ抱えていた。日吉大社は、奈良の春日大社の場合もそうだったのだが、自分たちの要求が朝廷によって受け入れられないと、神輿や神木を京都の市中に持ち出し、要求が通るまでそれを放置しておく「強訴」という手段に打って出た。貴族はそうした神輿や神木に手出しをすることができず、それは公務の妨げともなった。

それだけ寺社勢力は大きな力を持っていたわけで、だからこそ、近世に全国統一をなしとげる織田信長以下は、いかに寺社勢力の力をそぐかに腐心した。

家康になると、江戸幕府を開いてから寺院法度や諸社《しょしゃ》禰宜《ねぎ》神主《かんぬし》法度《はっと》を出すことによって、その力を抑えることに成功する。したがって、日枝神社は、徳川幕府に対抗することはなく、もっぱら幕府やその居城となった江戸城を守る役割に徹することとなった。

明治以降は地位の向上に努め官幣大社へ昇格

明治に時代が改まると、他の東京十社と同様に、日枝神社も准勅祭社に指定されたわけだが、日枝神社の側には、皇城の鎮としての自負があり、新しく定められた近代の社格制度のなかで、その地位を上昇させることを試みている。

明治3（1870）年には、神社を統括する神祇官《じんぎかん》の直轄から東京府の管轄に移されるが、その翌年に定められた新たな社格制度において、日枝神社は官国幣社になることができなかった。

そこで、関係者が運動を進め、明治15（1882）年には、官幣中社と定められている。そして、大正元（1912）年には、官幣大社への昇格を果たしている。東京十社のなかで官幣社になることができたのは日枝神社だけである。

明暦の大火の後、現在地に遷ってきた際、社殿の造営が行われるが、それは、万治2（1659）年4月に完成している。造営されたのは、社殿の他、楼門、回廊、摂社、祓所、神饌所などであった。江戸時代の日枝神社の様子は、『江戸名所図会』にも残されているし、安藤広重の『銀世界東十二景』には、「赤坂山王」として、その雪景色が描かれている。2代広重の『江戸名勝図会』では「江戸第一の大社」とも記されている。

それだけ立派な社殿であっただけに、戦前は国宝にも指定されていたが、昭和20年5月25日の空襲で焼け落ちてしまった。現在の社殿は戦後に再興されたものである。

滋賀の日吉大社では、4月12日から15日にかけて「山王祭」が行われる。そのなかには、12日の夜に行われる「午《うま》の神事」が含まれる。これは、3月上旬に二基の神輿を、祭神の荒魂を祀っている牛尾神社と三宮神社に上げておき、12日当日、松明に先導されながら、神輿が大山咋神を祀る東本宮のある麓まで坂道を駆け下りるものである。

なお、日吉大社では、東本宮とは別に大己貴神を祀る西本宮がある。4月14日の西本宮の例祭では、7基の山王神輿の前で神事が行われるが、その際に、延暦寺から、天台宗のトップである天台座主が参拝し、社前で『般若心経』を読経する。これは、明治時代以前の神仏習合の時代の名残である。

赤坂の日枝神社では、6月に同じ名の山王祭が営まれるが、その内容は日吉大社とは大きく異なっている。

「江戸三大祭」における「神幸祭」の位置

日枝神社の山王祭は、神田明神の神田祭とともに「天下祭」とされる。また、これに富岡八幡宮の深川祭を含め、「江戸三大祭」とも称される。重要なのは神田祭との関係で、神田祭の大祭が行われない年に山王祭のもっとも重要な行事「神幸祭」が営まれる。

神幸祭では、およそ500人が王朝装束を身にまとって行列に参加し、金銅を飾った屋形の鳳輦二基や、神輿、山車などが登場する。列は300メートルにもなるが、銀座通りをはじめ、ビル街を練り歩くことになる。

神幸祭がある年もない年も、日枝神社では稚児行列と「山王音頭と民踊大会」が開かれる。稚児行列では、3歳から7歳までの子どもたちが稚児の装束を身につけ、神主に先導されて行列をしていく。山王音頭と民踊大会は、神社の境内ではなく、前にある山王パワータワー公開空地で行われるが、要は納涼盆踊りである。

山王祭は江戸時代からはじまるが、その時代の特徴は氏子町内がそれぞれ山車を出すことにあった。これは、かつての神田祭と共通する。今日でも神幸祭にはいくつかの山車が出るが、江戸時代には45もの町内がそれぞれ趣向を凝らした山車を作り行列を行った。

神田祭と同様に京都の祇園祭と似たものだったわけだが、市電の架線が敷設されることで、山車を引き出すことができなくなってしまう。ただ、費用面での負担が大きすぎたという説もある。山車が引き出されたのは明治22（1889）年が最後だった。今日の山王祭とはかなり違うものだったのである。

前掲の『日枝神社史』では、日枝神社の山王祭のはじまりが、祇園祭と同様ではなかったかという説を示している。祇園祭は、祇園御霊会としてはじまるが、それは平安京で流行した疫病を退散させるためのものだった。当時、疫病は恨みをもって亡くなった人間の霊の仕業と考えられ、それを祓うために御霊会が営まれ、それが祇園祭へと発展した。

日吉大社の山王祭は4月に営まれるわけだが、日枝神社ではそれを踏襲せず、6月に行われている。夏は疫病が流行する季節であり、祇園祭も7月に営まれている。日枝神社では、かつては江戸湾に面する茅場町に、担ぎ出した神輿を一時留めておく旅所を設け、そこまで神幸を行い、厄祓いの儀式を行った。この主旨は祇園祭と同様で、だからこそ祇園祭と同様に山車行列が行われたのだ。なお、旅所は現在日本橋日枝神社となっている。

山王祭は、徳川将軍家との関係が深かったため、山車や神輿は江戸城内に入ることを許され、それを将軍などが見物した。これも、神田祭と共通する。費用面でも、あるいは祭の要員についても幕府が多くを負担した。

日枝神社に祀られる3つの末社

日枝神社には「稲荷参道」があり、稲荷神社特有の千本鳥居が建ち並んでいる。祀られているのは末社の山王稲荷神社で、他に、猿田彦神社と八坂神社がある。

稲荷神社と猿田彦神社は創建以来境内にあったものだが、八坂神社は京橋南伝馬町の氏神だったものが、神田明神に一時遷り、火災で類焼したので日枝神社で奉祀するようになったものである。

猿田彦神社は、もともとは庚申社で、その背景にある庚申信仰については根津神社のところで解説した。日枝神社では、庚申の日に庚申祭が営まれている。

猿田彦神社の祭神となる猿田彦は、神話に登場し、天孫降臨の際に、邇邇芸命の道案内をしたとされる。ただ、庚申の申は猿で、そこから庚申信仰と習合することになった。

猿と言えば、日枝神社の境内では、狛犬の代わりに猿がおかれている。これは日吉大社の影響で、神の使いである神猿は魔除けの象徴とされている。神猿は、「まさる」と読まれ、「勝る」、ないしは「魔が去る」として、勝運を向上させ、魔除けになるとされているのである。他に、日枝神社に独特の年間行事としては、1月13日の「印章護持祭」と、8月4日の「箸感謝祭」がある。

印章護持祭は、長年使った印章を祓い供養するもので、全国各地の神社でも行われており、直接日吉・日枝の信仰とはかかわらないものである。

8月4日は、箸（八四）にちなんだ箸の日で、主に飲食の業者が古くなった箸を供養する。箸感謝祭は、日枝神社からはじまったとされる。

神社では、世俗の世界と境内地を区別するために鳥居が建っているが、鳥居にはいくつもの種類がある。日枝神社の場合、これは、日吉大社を踏襲したものだが、「山王鳥居」が建っている。

最上部にある笠木の下に柱頭の上にのっている島木があり、反りが加えられているのが、数として多い「明神鳥居」だが、笠木の上に破風をもうけたのが山王鳥居である。山王鳥居は、日吉・日枝神社に特有のものなので、日枝神社のシンボルともなっている。

日枝神社は、星が岡と呼ばれる丘の上にあり、山王鳥居を潜って社殿までたどり着くまでは石段を登らなければならない。今、多くの人たちは東京メトロの赤坂見附駅や赤坂駅から日枝神社に向かうだろうが、そちらは正面ではないので裏参道である。裏参道には、神社としては珍しくエスカレーターが設置されている。それが、いかにも都会の真ん中にある神社にふさわしい光景かもしれない。

日枝神社の境内には、「宝物殿ギャラリー」があり、そこに神宝が展示されている。代々の徳川将軍の朱印状や山王祭を描いた錦絵なども展示されているが、中心となるのは刀剣である。刀剣は31口に及び、そのうち国宝が1口、重要文化財が14口、重要美術品が1口である。

宝物が刀剣なのは、やはり徳川将軍家との関係が深いからである。将軍やその世継ぎは、初宮詣や将軍宣下を受けた際の報告参拝、あるいは特別なときに参拝した際、刀剣を神前に奉納した。そうした刀剣は、戦前には百余振りを数えたが、戦時中、軍に供出され、その数は減ってしまった。国宝は、「太刀　銘　則宗」で、これは、後に5代将軍綱吉となる3代将軍家光の第4子、徳川徳松君の初宮参りに寄進されたもので、則宗は鎌倉時代初期の刀工である。則宗の本物の作品は少数しか現存していないので、日枝神社所蔵の太刀は高い価値を有している。

七

品川神社

東京十社が
秘めた物語

基本データ

品川神社

〒140-0001　東京都品川区北品川3-7-15
TEL：03-3474-5575
FAX：03-3474-5599
https://shinagawajinja.tokyo/

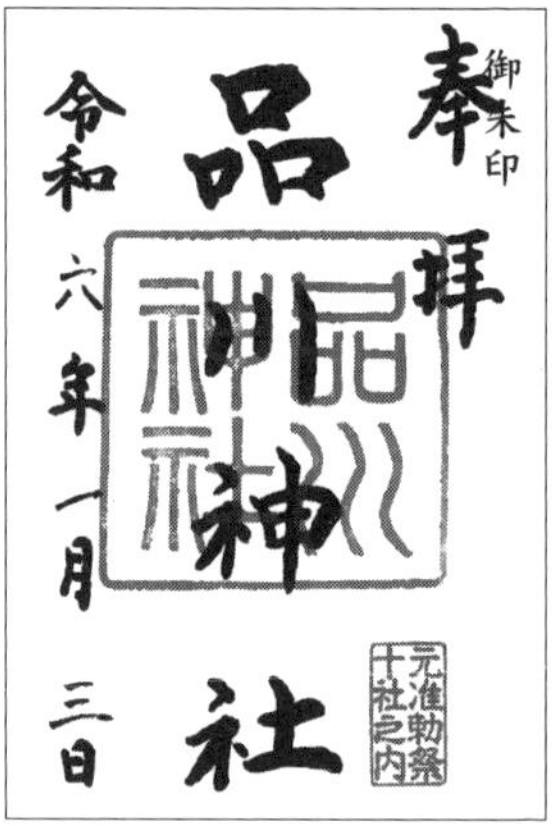

品川は昔は交通の要衝、今は都内屈指のターミナル駅

品川神社は品川区北品川3丁目に鎮座している。京浜急行電鉄本線の新馬場駅から近く、徒歩一分で着く。都内屈指のターミナルであるJRの品川駅からも徒歩15分程度で行くことができる。

品川駅は乗降客が多い駅の一つで、近年では多くのオフィス・ビルが建ち並び、テレビで朝の通勤風景が取り上げられるときに登場することも少なくない。ホテルやレジャー施設もあり、この地域は多くの人を集めている。

江戸時代の品川は、東海道の最初の宿場であるとともに、中世以来の港町として栄えてきた品川湊にも近く、その時代においても江戸から西国へと向かう交通の要衝であった。その性格が現在にも受け継がれていると言える。

現在の品川駅は、新幹線や、羽田空港へ向かう京急線の乗換駅として通過点の性格が強い。だが、江戸時代の西国へ向かう旅では、箱根の関を通過するために通行手形が必要で、旅は簡単にできるものではなかった。その分、旅立ちはハレの機会であり、品川宿《しながわしゅく》に到着した旅人たちは、そう滅多には訪れない長距離の旅の門出にかなりの興奮を覚えていたも

のと推測される。

品川宿を描いた浮世絵としては、安藤広重が天保6（1835）年に描いた『東海道五十三次』のうち「品川日之出」の場面がよく知られている。左側には幾艘もの船が描かれ、右側には宿場町を通過していく大名行列が描かれている。これを見るだけで、品川宿のあり方がよくわかる。

品川宿には、数多くの旅籠屋や茶屋が建ち並んでいたが、遊郭も形成され、「北の吉原、南の品川」と並び称された。いかに品川遊郭が繁昌していたかがわかる。幕末には90軒の遊郭があった。

明治になると公娼制度は廃止されたものの、遊郭は「貸座敷」という形で生き残り、大正12（1923）年の関東大震災で吉原が焼けてしまうと、被害の少なかった品川遊郭はかえって繁昌した。大正13年に品川遊郭を訪れた年間の客数は53万人にも及び、娼妓は4000人もいた。

品川神社は、こうした品川宿や品川遊郭とともに歴史を重ねてきたことになる。

品川神社の祭神の一柱は『古事記』『日本書紀』に登場しない!?

品川神社の祭神は、天比理乃咩命《あまのひりのめのみこと》、素戔嗚尊《すさのおのみこと》、宇賀之売命《うかのめのみこと》の三柱の神々である。天比理乃咩命は、天比理刀咩命とも表記されるが、『古事記』や『日本書紀』には登場しない。乃は刀の誤記だという説がある。

あまり知られていない祭神だが、これを祀っているのが安房国一宮で千葉県館山市にある洲崎神社、同じ市内の洲宮神社などである。やはり館山市にあって、こちらも安房国一宮を称している安房神社では、天比理乃咩命の夫とされる天太玉命を主祭神として祀っている。同神社では天比理乃咩命も相殿神として祀られている。天太玉命の方は記紀神話において、天岩戸の場面に登場し占いを行うが、そこから、天比理乃咩命ともども古代の朝廷において祭事を司った忌部氏の祖神とされている。

なぜ安房国で祀られてきた天比理乃咩命が品川神社の祭神となったのか、はっきりとした理由はわからないが、社伝によれば、後鳥羽天皇の時代の文治３（１１８７）年、源頼朝が洲崎神社から天比理乃咩命を勧請したという。

後醍醐天皇の時代にあたる元応元（１３１９）年、鎌倉幕府の御家人の一人だった二階《にかい》堂道蘊《どうどううん》が、品川神社の神威を感じ、この神社をしばしば訪れ、本殿を造立するとともに、宇賀之売命を勧請した。宇賀之売命とは稲荷神のことである。

素盞嗚尊を祀ったのは、江戸城に移ってきた太田道潅で、文明10（1478）年6月に自ら勧請した。素盞嗚尊は、疫病退散のご利益のある牛頭天王と習合しており、道潅は牛頭天王として勧請したものと考えられる。

その後、品川神社に対する崇敬は、小田原北条氏から徳川家康に受け継がれる。慶長5（1600）年に関ヶ原の合戦に赴く際には、戦勝を祈願した。家康は、勝利をおさめた礼として、仮面（天下一嘗《ひとなめ》の面）や神輿（葵神輿）を奉納した。ただし、家康が江戸城に入ったのは天正18（1590）年のことだが、関ヶ原の合戦の当時は伏見城にいた。

徳川家の庇護を受け明治に准勅祭社に定められる

品川神社は、今日では神社として独立しているが、明治以前の神仏習合の時代には、必ずしもそうではなかった。

品川神社の南側には、臨済宗大徳寺派に属する東海寺がある。この寺は、3代将軍家光が、名僧であった沢庵宗彭《たくあんそうほう》（沢庵和尚として広く知られる）のために創建したものである。

創建の際に、品川神社の境内地の一部が東海寺の敷地となったため、神社は現在地に遷され、東海寺の鬼門にあたることからその鎮守と定められた。

これによって品川神社は、徳川家の庇護を受けるようになり、「御修覆所」として、建物の再建や修復などの費用はすべて幕府がまかなうこととなった。そして、明治になると、他の東京十社と同様に、准勅祭社に定められている。

東海寺の寺号は万松山で、江戸時代には東海禅寺と呼ばれた。大伽藍を誇り、多くの塔《たっ》頭《ちゅう》を抱えていた。ところが、明治政府によって寺領を接収されたため、衰退してしまう、現存する東海寺は塔頭の一つ、臨川院のことである。

『江戸名所図会』では、「牛頭天王社・東海禅寺」という形で登場し、牛頭天王社は東海禅寺の右奥に鎮座する形になっている。江戸時代の品川神社は牛頭天王社として知られていたことになる。

ただ、品川神社の神職は代々小泉家がつとめてきたが、小泉出雲（勝久）という神職が、延宝2（1674）年9月に寺社奉行宛てに出した訴状では、品川の南北には川を隔てて大明神があり、北には東海寺山続きに稲荷大明神が、南には川端の橋詰に貴船大明神があるとされている。

これが正しければ、江戸時代初期に品川神社は稲荷大明神と呼ばれていたことになる。

稲荷神が、現在でも、品川神社の祭神の一柱となっているのは確かである。

そうなると、品川神社は牛頭天王社であったのか、それとも稲荷大明神であったのかということになるが、牛頭天王社としての性格の方が強かったのではないだろうか。

訴状のなかで言及されている貴船大明神は、現在の荏原《えばら》神社のことで、こちらは、新馬場駅の反対側に位置している。荏原神社の方でも牛頭天王が祀られていたようで、品川神社は「北の天王社」、荏原神社は「南の天王社」とされていた。品川神社への改称は明治になってからである。

明治政府から「神仏分離」が出されると仏教色が一掃される

明治維新を経て成立した明治政府は、神道を中心とした国造りを行うため、中世から近世にかけて続いてきた神仏習合の状況を改め、神仏判然令を出して、「神仏分離」を断行した。これによって、長く密接に結びついてきた神道と仏教、神社と寺院の関係が断ち切られた。神社は、それを管理してきた別当としての寺院から切り離され、仏教色が一掃された。祭神についても、記紀神話にもとづくものに改められたのだが、その典型が牛頭天王が素盞嗚尊に改称されたことである。

京都の八坂神社も、現在では素盞嗚尊を祭神とするが、明治以前は牛頭天王を祀っていた。牛頭天王は、正体がはっきりしない存在で、神道の神でもなければ、仏教の仏でもないのだが、疫病を退散させる力があるとして、蘇民将来《そみんしょうらい》の説話とも結びついた。疫病除けとして牛頭天王（素盞嗚尊）は全国各地で祀られており、江戸でも現在では神田明神の境内にある江戸神社が「南伝馬町持天王」ないしは「天王一の宮」と呼ばれ、「天王祭」が営まれていた。

品川神社が牛頭天王社であったことは、6月はじめに行われる例大祭が、「北の天王祭」と呼ばれているところに示されている。荏原神社の例大祭も、「南の天王祭」と呼ばれている。

品川神社の北の天王祭は、毎年6月7日に近い週末に行われる。金曜日には例大祭の神事があり、土曜日には町内神輿の連合渡御、日曜日には神幸祭と宮神輿の渡御が行われる。宮神輿には、大神輿、中神輿、惣町神輿の三つがある。

北の天王と神輿の特徴

大神輿は、明治17（1884）年に奉納されたもので、通称は「千貫神輿」である。千貫神輿とは、とくに大きな神輿のことをさす。ただし、この大神輿は、皇室に慶事があったときにしか出ない。普段は、大正13（1924）年に奉納された中神輿が出る。

品川神社の石段は53段あるが、日曜日には、惣町神輿を担いで石段を昇り下りし、宮出し・宮入を行うことになる。これが北の天王祭のクライマックスをなすもので、その光景は壮観である。

品川神社の神輿の特徴は、「天下一嘗の面」の赤い面が取りつけられていることにあり、それは「赤面様」と呼ばれる。この面は、すでに述べたように家康が奉納したもので、もともとは舞楽で用いられた。江戸時代の中頃に疫病が流行した際、この面を神輿に付けて町内をめぐれば苦しみから救われるというお告げがあったとされる。

珍しいのは、神輿に「大拍子」と呼ばれる太鼓が取りつけられていることで、それで「品川拍子」を叩きながら渡御が行われ、「トンビ」と呼ばれる篠笛も奏される。

同じく神面をつけて神輿の渡御を行うのが南の天王である荏原神社で、こちらでは海中渡御が行われる。それは、宝暦元（1751）年6月に、品川沖で牛頭天王の面が発見されたことによるが、荏原神社の氏子地域でもある天王洲の名はこのことに由来する。ここからも、牛頭天王への信仰が篤かったことがうかがえる。

南の天王荏原神社の由緒と祭神

ここまで荏原神社のことについてもふれてきたが、実は荏原神社の側は、准勅祭社として定められたのは品川神社ではなく自分のところであると主張している。

明治元年に准勅祭社が定められたとき、その対象になったのは十二社で、現在の東京十社の他に、府中の大國魂神社《おおくにたまじんじゃ》と埼玉県久喜市の鷺宮神社も含まれていた。東京十社は、府内、現在で言えば東京23区内に限定された。荏原神社のサイトでは、当初の十二社が列挙され、そこに「品川貴船社（荏原神社）」を含めている。

荏原神社の祭神は、中央が高龗神《たかおかみのかみ》で、右座が豊受姫之神《とようけひめのかみ》、天照皇大神、須佐男之尊で、左座が手力雄之神《たぢからおのかみ》である。豊受姫之神は伊勢神宮外宮の祭神、豊受大神のことで、手力雄之尊は天岩戸の場面に登場する。問題は、中央に祀られている高龗神である。

高龗神は『古事記』には登場しないが、『日本書紀』の一書に登場する。伊邪那美命が火の神である軻遇突智《かぐつち》を産んで亡くなってしまったので、伊邪那岐命は軻遇突智を斬ってしまった。その際に、雷神や山神とともに出生したのが、水を司る高龗神であった。

荏原神社の社伝によれば、元明天皇の時代、和銅２（７０９）年９月９日に、奈良の丹《に》生《う》川上神社から高龗神を勧請したという。続いて、長元２（１０２９）年９月16日に神明宮、つまりは天照皇大神が、宝治元（１２４７）年６月19日に京都の八坂神社から牛頭天王、つまりは須佐男之神が勧請された。

荏原神社が高龗神を勧請した丹生川上神社は二十二社の一つで、雨を司る神として信仰されてきた。実は、二十二社のなかには、やはり高龗神を祭神としている京都の貴船神社が含まれている。

農耕社会においては、雨は決定的に重要で、降らなければ旱魃となって不作を生むし、降りすぎれば田を決壊させるなど害をもたらす。そこで、祈雨や祈晴のため、雨を司る神が篤く信仰されてきた。二十二社の制度にしても、最初は、丹生川上神社と貴船神社への祈雨、祈晴の奉幣からはじまった面がある。

荏原神社の社伝では、京都の貴船神社のことにはふれられていないが、往古から貴船社、天王社、貴布禰大明神、品川大明神、あるいは「品川の龍神さま」として信仰を集めてきたとされるので、貴船神社との結びつきは十分に考えられる。

『延喜式神名帳』にあたり昔の神社の消息を占う

神社の場合、古代の文書に出てくる神社が、現存するどの神社に相当するのか、判断に迷う場合が少なくない。古代にあった神社の目録となるのが、延長5（927）年にまとめられた『延喜式神名帳』だが、そこにあげられた神社が今はどこにあたるのか、はっきりとしない場合、候補となる神社は「論社」と呼ばれる。

二十二社のなかでも、丹生川上神社は、奈良の吉野の山中にあり、近世になると、所在がわからなくなってしまった。したがって、上社、中社、下社の三社があり論社となったが、現在では、中社がかつての丹生川上神社であると考えられている。これは、拙著『二十二社』でも論じたように、正しいものと考えられる。

文政13（1830）年に成立した昌平坂学問所地誌調所による『新編武蔵風土記稿』では、品川神社については、稲荷を主祭神とし、祇園と貴布彌を相殿に祀り、さらに東照宮を合わせ祀って品川大明神と総称するとある。ここでは、現在の祭神である天比理乃咩命は出てこない。

『江戸名所図会』では、荏原神社は貴船明神社として登場しているが、その前の部分では、

「品川牛頭天王神輿洗の図」というものが掲げられており、海中渡御が牛頭天王社、つまりは品川神社のものであった可能性が示されている。

要は、二つの神社は一体の関係にあり、明確に区別されていなかった可能性も考えられる。それを反映し、東京神社庁のサイトでは、品川神社と荏原神社をともに元准勅祭社として扱っている。

荏原神社のサイトでは、自分のところが准勅祭社であったことを示す国の史料などを公開する予定とされているが、今のところは実現されていない。この点については、未だに決着がついていないと言える。

品川神社の摂末社としては、浅間神社、御嶽神社、猿田彦神社、道祖神社、阿那稲荷神社、八百萬神社《やおよろずのじんじゃ》、大國主恵比須神社、天王白龍辨財神社があるが、阿那稲荷神社は上社と下社に分かれている。

上社には天の恵の霊が、下社には地の恵の霊が祀られているとされるが、かつての品川神社が稲荷大明神と呼ばれていたのだとすれば、その存在は重要である。ただ、由緒は不明で、徳川家康が参拝したという伝承がある。

猿田彦神社は石段の中腹に祀られており、「足神様」とも呼ばれ、草鞋がおさめられたりする。猿田彦は庚申信仰と結びついており、これは庚申社であった可能性が考えられる。

注目すべき富士塚と御嶽神社

注目されるのは、石段の左側にある富士塚であり、そこには浅間神社が祀られている。富士塚の信仰は江戸時代からはじまり、明治時代にも建てられており、品川神社の富士塚は明治5（1872）年に造られたものである。富士塚については、白山神社のところでもふれたが、品川神社の富士塚は本格的なもので、富士山の溶岩が用いられ、一合目から九合目までの石碑が建てられている。これは大田区馬込にあったものを遷したとされる。鎖場まであり、高さ15メートルは、都内にある富士塚のなかでもっとも高い。15メートルといえば、奈良の大仏と同じ高さである。

富士山の信仰は江戸時代に高まりを見せ、多くの参拝者が富士登山を行ったが、時間も費用もかかる。そこで、東京都周辺には多くの富士塚が造られ、富士塚に登れば、富士山に登ったのと同じ功徳があると考えられるようになった。また、昔はビルなど高層の建物がなかったため、富士塚から富士山を眺めることができた。品川神社では、7月上旬に富士塚山開きを行っている。

御嶽神社も山岳信仰である。対象は御嶽山で、この山は長野県と岐阜県にまたがっている。日本では、各地にある山に登って修行を行う修験道が発展を見せていくが、御嶽修験もその一つである。富士山の場合は、村山修験と呼ばれてきた。

品川神社に御嶽神社を設けた人々は、御嶽講を組み、皆で御嶽山に登った。御嶽講は三笠山元講と呼ばれ、品川神社にはその講の碑が残されている。それは、富士山に登るための富士講の場合も同じで、品川には富士講として丸嘉講や山清講などがあった。

神社では、本殿に祀られた祭神はもちろん重要だが、境内に祀られた摂社や末社も、それぞれが独自の信仰によって成り立っており、講の組織が存在することも珍しくない。

八百萬神社、大國主恵比須神社、天王白龍辨財神社は阿那稲荷神社下社に一緒に祀られている。かつて品川神社には、今以上に多くの摂末社があり、八幡神や春日神、天満宮などが祀られていた。八百萬神社はそうしたものを合祀したものである。

また、そこには「一粒萬倍《いちりゅうまんばい》の泉」というものがあり、現在では、金運アップのパワースポットとして人気を集めている。一粒萬倍とは、種子を1粒まけば萬倍の粒となることを意味しており、参拝者はそこで紙幣や硬貨を洗っている。阿那稲荷神社については、春祭と秋祭が行われている。

境内にはパワースポットとして7つの鳥居

パワースポットということでは、品川神社の境内には7つの石の鳥居があり、それは「中風除け（脳卒中）」になり、無病息災につながるとされている。石の鳥居の一つは、慶安元（1648）年に3代将軍家光公の側近であった堀田正盛が奉納したものがあり、それは、都内では上野東照宮に次いで古いとされている。

珍しい鳥居は神社の入口に建つ大鳥居で、それは「双龍鳥居」と呼ばれる。左側には昇り龍が、右側には降り龍の彫刻が施されており、都内では他に、馬橋稲荷神社と高円寺寺内稲荷神社にある。創建は大正14（1925）年のこととされる。こうした鳥居があることは、龍神信仰との関係が考えられる。

自由民権運動で名高い板垣退助の墓が、品川神社にはある。本殿の左奥である。元は東海禅寺の塔頭の一つ、高源院の墓地にあったもので、関東大震災の後に移され、横には夫人の墓がある。板垣の「板垣死すとも自由は死せず」のことばは有名だが、その石碑も建っている。神社に墓があるのは珍しいが、故郷である高知県にある板垣の墓は、高源院から分骨したものである。

品川神社の境内には神楽殿が設けられているが、そこで奉納されるのが「品川𠮷社太太神楽」である。家康が関ケ原の戦いに臨む際に奉納したと伝えられる。舞は20座あったが、現在は12座が残され、それは四方拝・稲荷・翁・岩戸・花鎮・天扇・八剣・幸替・矢天狐・八雲・青白幣帛・猿田の舞からなっている。

もともとは品川神社の宮司家に伝わり、大正初年までは神職がつとめてきたが、神楽師の間宮氏に受け継がれ、現在では品川神社太太神楽保存会の手によって年4回奉納されている。

最近、品川神社は映画にも登場した。『シン・ゴジラ』において、北品川に上陸したゴジラは変身をくり返していくが、品川神社に避難した人々は、石段から恐怖の目でゴジラを見つめていた。映画やドラマ、アニメに登場するところが、現代では「聖地」と呼ばれ、多くのファンを集めているが、品川神社もこれで聖地巡礼の対象にもなっている。

八

富岡八幡宮

東京十社が秘めた物語

基本データ

富岡八幡宮

〒135-0047　東京都江東区富岡1-20-3
TEL：03-3642-1315
FAX：03-3642-5580
http://www.tomiokahachimangu.or.jp/

深川の氏神として通称「深川八幡宮」

富岡八幡宮は江東区富岡に鎮座している。通称は「深川八幡宮」だが、ただ「深川八幡」と呼ばれることもある。

近くに深川不動堂がある。正式には成田山東京別院深川不動堂というが、そことの関係が深い。

富岡八幡宮は、江戸時代から深川という地域の氏神の役割を果たしてきた。どこまでを深川と呼ぶか、必ずしもはっきりと定まっているわけではないが、かつては深川区が設けられていた。戦後、深川区が城東区と合併して江東区が誕生した。東京メトロ東西線と都営大江戸線の門前仲町駅を中心とした下町の典型というのが、現在の深川のイメージである。

深川が開発されたのは江戸時代はじめのことで、その名の由来となった摂津国の住人、深川八郎右衛門という人物によって小名木《おなぎ》川以北が開発された。寛永６（１６２９）年には、幕府から許されて漁業活動を行う深川猟師町が形成され、開発は深川内部から南部へと進み、町屋が形成されるようになる。

富岡八幡宮は、天平宝字年間（７５７〜７６５年）に右大臣であった藤原豊成が創祀し、寛永4（1627）年に京都出身の僧侶、長盛法印《ちょうせいほういん》が再興したという言い伝えがあるが、神社自身も認めているように、実際の創建は寛永4年と考えられる。江戸時代初期の創建である。

当時の深川一帯は砂洲で、長盛法印はそれを埋め立て、富岡八幡宮の社地と氏子の居住地6万坪を造成した。長盛法印は菅原道真の末裔とされるが、京都で夢を見て、その家に伝わる道真作の八幡神像を江戸永代島の白羽に祀れと命じられ、それで江戸へ出て深川に祀ったと伝えられる。宗教家が、土木の方面で活躍するのは空海などの高僧たちにも見られたことである。

長盛法印は、富岡八幡宮の別当寺として真言宗大栄山永代寺を建て、その住職になった。別当寺とは、神社を管理するための寺のことであり、中世から近世にかけての神仏習合の時代には、それが一般的なあり方だった。

こうして深川の地域は、富岡八幡宮の門前町として栄えることになる。ところが、明暦3（1657）年に、「振り袖火事」とも言われる明暦の大火が起こり、その後江戸の街の改造が行われ、深川には木場がおかれるようになり商業地域として発展していく。花街も生まれ、そこの芸者は「辰巳芸者」と呼ばれた。深川が江戸の西南（辰巳の方角）にあたったからである。

深川に縁のある人物としては、読み本作家の滝沢馬琴や発明家でもあった平賀源内、松尾芭蕉、そして、富岡八幡宮に銅像も建てられている伊能忠敬などがいる。深川では江戸の文化が栄えていたのである。

横浜市金沢区には、同名の富岡八幡宮があり、「波除八幡」とも呼ばれているが、深川の富岡八幡宮はそこから八幡神を勧請したという説がある。横浜の富岡八幡宮は、そのサイトで「深川・富岡八幡宮へ御分霊された事は有名です」と述べているが、これはあくまで横浜の側の主張で、深川の方はその説をまったく採用していない。

深川八幡宮で成田山新勝寺の不動明王像の「出開帳」が行われる

江戸時代の富岡八幡宮に多くの人が集まる行事があった。それが、成田山新勝寺の「出《で》開帳《がいちょう》」である。

江戸時代には、深川不動堂はなく、そこに長盛法印が創建したとされる永代寺があった。現在の永代寺は、深川不動堂の手前右側にある。

現在の永代寺に行くと、文政年間（1818～31年）の江戸時代の地誌である『御府内備考』に載っていた諸堂配置図が門前に立つ制札に掲げられている。それによれば、富岡八幡宮の場所は今と同じだが、現在深川不動堂のあるところは永代寺となっている。

そして、現在の永代寺のあるところには吉祥院という祈禱所が建っている。吉祥院は永代寺の塔頭である。そして、ここが重要だが、富岡八幡宮と永代寺とは同じ境内にあったことが示されている。両者は一体の関係にあったのだ。

その境内で、元禄16（1703）年、成田山新勝寺の本尊である不動明王像の「出開帳」が行われた。出開帳とは、寺院の本尊、とくに秘仏となっている仏を寺の外、寺からは離れた場所に持ち出して開帳するものである。出開帳の対になることばが「居開帳」で、こちらは、その寺自体で本尊の開帳を行うものである。

成田山新勝寺は、寺の縁起によれば、天慶3（940）年に勅命によって開創され、本尊の不動明王像は弘法大師空海の作ともされる。ただ、深川不動堂が自らの歴史をつづった『成田山　深川不動堂三百年史』（深川不動堂）では、「以上の縁起、寺伝を歴史的に証明することはむずかしい」としており、成田不動の信仰が盛り上がり、新勝寺が注目を浴びるようになるのは江戸時代になってからだとしている。

新勝寺では、寛永10（1633）年に大梵鐘《だいぼんしょう》が鋳造され、明暦3（1657）年に本堂が建てられた。成田山新勝寺の名を江戸市中に広く知らしめることになるのが、中興の祖とされる照範《しょうはん》という僧侶である。

照範は、元禄14（１７０１）年に新しい本堂を完成させ、同16年にはじめて富岡八幡宮の社地で出開帳を行う。このときの出開帳は4月27日から6月28日まで61日間にも及んだ。それ以降、幕末までのあいだに出開帳は12回行われた。一度だけ葛飾平井の燈明寺で開かれたが、あとはすべて深川永代寺八幡宮社地で開かれている。この出開帳は大人気で、錦絵も板行され、多くの人間を成田詣に呼び寄せることになった。

新勝寺は本尊不動明王像の出開帳で大きな借金を返済

江戸は新興の都市であり、当初の段階では有力な仏教寺院は存在せず、崇めるべき本尊もなかった。照範は、そこに目を付けたことになるが、出開帳をはじめたきっかけは、本堂の建立で５００両の借金を背負ってしまったからだった。最初の出開帳で得た護摩料などは２１２０両にも及んだというから、その目論見は見事に的中した。

照範は、当時の老中、稲葉正行（前名は正通）を後ろ盾《うしろだて》とした。正行は、成田山のある下総佐倉藩の藩主だったからである。出開帳の際の寄進帳には、尾張徳川藩吉通の夫人、あるいは小田原藩主大久保忠増の夫人といった大名夫人が名をつらねている。

出開帳が終わった後の7月4日には、新勝寺の本尊である不動明王像が江戸城三の丸に運び込まれた。時の将軍、綱吉の生母、桂昌院がこれを拝し、金品を奉納した。これが、成田不動尊の名を高めることに大いに貢献した。

さらに、出開帳にあわせて、初代市川團十郎が江戸森田座で、「成田山分身不動」という演目を上演し、大当たりをとった。歌舞伎の宗家となる市川團十郎家の屋号が「成田屋」となったのも、これによってである。

これ以降、出開帳があるたびに、代々の團十郎が成田不動尊に関係する演目を上演し続けた。それが出開帳の人気を高めることに貢献するとともに、成田山への参詣者を大きく伸ばすことになった。富岡八幡宮での出開帳が成田山信仰を生んだとも言える。『成田山深川不動堂三百年史』には、「成田山開帳行列の図」（『成田山参詣記』5巻）が掲載されているが、おびただしい数の人たちが参詣につめかけている。

出開帳が終わると、本尊は成田山へ戻ったものの、成田山から成田不動尊の分霊が勧請され、それを安置する「成田山御旅宿」が誕生した。そこに参詣すれば、成田山に参詣するのと同じご利益があるとされた。

この御旅宿は、富岡八幡宮の境内ではなく、元禄年間には鉄砲洲の船松町（現在の中央区新川）に設けられ、その後、さまざまな地域を点々としていく。永代寺の塔頭に設けられたこともあったが、またすぐに別の場所に移されている。『成田山　深川不動堂三百年史』では、出開帳から成田山へ参拝するための講が富岡八幡宮の周辺に生まれ、その講のあいだで持ち回りになったのではないかと推測されている。

神仏分離の影響で多くの仏教寺院が破却

出開帳は多くの人を集め続けたものの、時代は明治に変わり、明治政府は、神仏分離を断行し、その影響で「廃仏毀釈」の動きが起こり、多くの仏教寺院が破却されることとなった。日本の歴史上唯一の大規模な廃仏である。

その波は、永代寺と一体の関係にあった富岡八幡宮にも及ぶ。御旅宿は、幕末の段階で富岡八幡宮に移っていたが、それは許されなくなった。御旅宿は、浅草八軒寺町の仙蔵寺に移されている。そして、永代寺は、塔頭の一つである吉祥院を残して廃寺となる。当時の吉祥院には聖天堂があり、明治2（1869）年にはここに御旅宿が移転した。

明治11年になると、御旅宿を成田山不動堂に改称しようとする動きが生まれ、東京府庁から許可を得ている。この時点では、すでに廃仏毀釈の波は収まっていた。やがて本堂や堂宇の建築が開始され、明治14年6月に成田山深川不動堂が完成し、出開帳も復活した。なお、現在の永代寺の方は、平成8（1996）年に再興されたものである。

こうした歴史を経て、富岡八幡宮と深川不動堂は、元は一つであったにもかかわらず、分離されることとなった。戦後には、宗教法人法が生まれ、両者は別々の宗教法人として認証される。ただ、両者は近接しており、門前仲町を訪れたおり、どちらにも参詣するという人は少なくない。

富岡八幡宮の主祭神は、その名が示すように八幡神であるが、神社側は応神天皇（誉田別命）としている。八幡神は、九州の宇佐神宮で祀られていた神で、『古事記』や『日本書紀』には登場せず、渡来人が祀っていたものである。

八幡神は大いに支持を集め徳川将軍家も信仰する

ところが、八幡神は絶大な威力を持つ神として朝廷によって信仰されるようになり、東大寺に大仏が創建された際には、八幡神に仕える巫女が上京し、聖武上皇などとともに大仏に礼拝を行っている。

とくに八幡神の重要性が増すのは、平安時代になって平安京の南西の方角に石清水八幡宮が創建されてからである。石清水八幡宮には、宇佐神宮から八幡神が勧請された。平安京では、比叡山延暦寺が鬼門、石清水八幡宮が裏鬼門となり、都を守っているとされた。

しかも、八幡神は応神天皇と習合し、天照大神に次ぐ第二の皇祖神にまで昇格する。さらには、「八幡大菩薩」と呼ばれ、平安時代の後期から出現する武家の信仰を集めるようになる。鎌倉幕府のおかれた鎌倉に鎮座する鶴岡八幡宮も石清水八幡宮から勧請されたものである。

徳川将軍家にも八幡神への信仰があり、それも富岡八幡宮の重要性を増すことにつながったと考えられるが、その祭礼である「深川八幡祭」は、寛永19（1642）年に、三代将軍家光から家継に将軍職が受け渡されたとき、その祝賀のためにはじまったとされる。

深川八幡祭は毎年8月15日前後に行われるが、本祭は3年に一度で、その際に本社神輿が担ぎ出される。深川八幡祭は、神田明神の神田祭、日枝神社の山王祭とともに江戸三大祭に数え上げられており、本祭では52基の町神輿も連合渡御し、壮観だが、その際には沿道の観衆から担ぎ手に清めの水が浴びせかけられ、そこから「水掛け祭」とも称される。

富岡八幡宮には、もともと江戸時代の豪商、紀伊国屋文左衛門が寄進した総金貼りの神輿が3基あった。文左衛門は、富岡八幡宮の近くに隠居していた。ところが、その3基の神輿は関東大震災で焼失してしまった。

佐川急便グループの助力により本社神輿が復元

この本社神輿を復元したいというのが、富岡八幡宮の悲願だったが、それに助力したのが佐川急便グループの佐川清会長だった。佐川会長によって奉納された神輿の一番上には金色の鳳凰が載っているが、その両眼には、それぞれ4カラットのダイヤが、そして、火焔の部分には7カラットのダイヤがはめ込まれている。

狛犬などの目にもダイヤが使われ、鳳凰の鶏冠には2010個のルビーがちりばめられている。こうした宝石だけでもおよそ2億円と言われる。さらに、全体で24キロもの金が用いられているため、総額では10億円弱かかったとされる。神輿庫とあわせると10億円を超えたようだ。

平成3（1991）年5月26日には、この神輿の富岡八幡宮への奉納渡御が行われた。市川市行徳の神輿店から富岡八幡宮に近い永代橋まで15隻の船を連ねて運び、陸揚げされた後には、4000人の行列で台車に乗せられた神輿は巡行した。そのときの様子を写した写真が神輿庫に飾られている。

これによって、日本一の黄金神輿は、富岡八幡宮の神輿庫に納められることとなったが、神輿の渡御が行われたのはそのときだけだった。４・５トンというのはあまりに重すぎて、担ぐことができないのだ。

そのため、平成６年には、「自分たちで担げる本社神輿が欲しい」という声が上がり、新たな神輿が制作された。制作したところは、黄金神輿を作ったのと同じ神輿店なので形は似ているが、今度の神輿は約2トンと、特大ではあるものの、半分以下の重さになった。制作費はおよそ1億円とされ、費用は富岡八幡宮が負担した。これが二の宮で、黄金神輿の一の宮とともに神輿庫に鎮座している。

深川八幡祭を舞台にした歌舞伎の演目に、河竹黙阿弥作の『八幡祭小望月賑《はちまんまつりよみやのにぎわい》』がある。これは幕末の作品で、今日でも上演されるが、これを近代的な観点から改作した池田大伍の『名月八幡祭《めいげつはちまんまつり》』の方が、近年では上演されることが多くなっている。こちらは大正7（1918）年の初演である。

この二つの作品は、田舎から出てきた商人である縮屋新助《ちぢみやしんすけ》が、深川の芸者美代吉にもてあそばれ、頼まれた100両を工面するために田畑を売り払ってしまう話である。美代吉には別に男がいて、本人としては気軽に新助に金の無心をしただけである。新助はそれに乗ってしまい、身上《しんしょう》を潰してしまった。新助は、それを恨んで狂気に陥り、祭りの日の夜に美代吉を殺害してしまう。

歌舞伎の二つの演目にはもとになった惨劇と事件があった

『八幡祭小望月賑』と『名月八幡祭』で扱われた惨劇は、文政3（1820）年に起こった深川芸者殺しをもとにしている。これは、深川仲町の巳之吉という芸者が築地沖の船で無理心中をしかけられ、惨殺された事件である。

この二つの作品にはもう一つ、実際の事件が取り入れられている。それが、文化4（1807）年の永代橋崩落という事件である。

永代橋は現存し、富岡八幡宮からはすぐ近くにある。大惨事が起こったのは8月19日の昼四つ半というから、午前11時くらいのことだ。寛政の改革のため、不景気になり、町々が祭りの費用を出せない状態が続いていた。そのため、13年ぶりに深川八幡祭りが開催されることとなり、祭りに熱狂した群衆が多数押し寄せたため、仮橋だった永代橋が崩落した。町奉行の報告だと、溺死者は440人で、340人が救助されたことになっているが、実際の溺死者は1500人にのぼったとも言われる（山本和明「夢の憂橋―永代橋落橋一件始末」『国文論叢』19）。

深川八幡祭のときには、「放生会」も行われていた。これは仏教の不殺生の教えにもとづくものだが、宇佐神宮をはじめ八幡宮に伝えられてきた。多くの八幡宮では現在も行われているが、富岡八幡宮では途絶えてしまった。放生会で放たれる鳥や亀は露天などで売られていた。

富岡八幡宮の現在の社殿は、昭和31（1956）年に造営されたもので、鉄筋コンクリートである。創建以来、社殿は火災や震災、あるいは戦災によって焼失や損壊をくり返してきた。これは、東京十社全体に言えることである。

境内を彩るさまざまな末社

富岡八幡宮の境内にはさまざまな末社が祀られており、それをあげれば、七渡神社・粟島神社、車折社・客神社、野見宿禰神社、住吉社、聖徳太子社、天満天神社、祖霊社・花本社、永昌五社稲荷神社、鹿島神社・大鳥神社、恵比須社・大黒社、富士浅間社・金刀比羅社である。

紙幅の関係で、そのすべてについてふれることはできないが、七渡神社は、「七渡弁天」とも呼ばれ、弁天池に面している。この神社は、富岡八幡宮が創建される以前からあった地主神であるとされ、市木嶋姫命を祀り、裁縫の神ともされる少彦名命を祭神とする粟島神社と合祀されている。

野見宿禰神社は、現在の富岡八幡宮ではかなり重要な末社である。というのも祭神の野見宿禰命は相撲の始祖とされているからである。

相撲はもともと神事とされていたが、武家の時代になると、各大名は相撲取りをかかえ、その育成に力を入れるようになる。江戸時代になると、寺社で勧進相撲が行われるようになった。江戸では最初四谷で勧進相撲が行われたが、喧嘩沙汰が起こり、幕府によって禁止された。それが貞享元（１６８４）年に富岡八幡宮で許可された。

これにちなんで、境内には相撲関係の石碑が数多く建てられており、その中心となるのが、「横綱力士碑」である。本殿の右側にあるが、これは明治33（１９００）年に完成したもので、裏面には代々の横綱の名を刻んできた。ただ、すべて埋まってしまったため、副碑が二体建てられている。新しい横綱が誕生すると、境内で土俵入りを行い、刻名奉告祭を行うことが恒例になっている。その手前には、「超五十連勝力士碑」があり、谷風から白鵬まで6人の力士の名が刻まれている。

歴代の大関を顕彰する「大関力士碑」も大鳥居をくぐったすぐ右手に建っている。その傍らには、巨人力士碑、巨人力士手形足形碑、強豪関脇碑なども建っている。富岡八幡宮と言われれば、江戸相撲。歴史をたどることができる。

花本社は祖霊社と合祀されているが、祭神は松尾芭蕉である。芭蕉はすでに述べたように、深川に住んでいたわけだが、天保14（1843）年、その150回忌の折に、俳人であった田川鳳朗が二条家に請願し、「花本大明神」の神号を授かっている。

銅像の建つ伊能忠敬は、千葉県の佐原で酒造業や薪問屋を営んでいたが、隠居して江戸へ出て、深川に住んだ。50歳から測量術を学んで、それで実測地図である「大日本沿海輿《よ》地《ち》全図」を完成させた。忠敬が測量の旅に出る際には、必ず富岡八幡宮を参拝したとも言われ、平成13（2001）年に大鳥居横にその銅像が建立された。

富岡八幡宮に参拝すれば、深川のかつての賑わいを思い起こすことができるし、相撲の歴史なども学ぶことができる。深川不動堂とともに参拝したい。

九

赤坂氷川神社

東京十社が
秘めた物語

基本データ

赤坂氷川神社

〒107-0052　東京都港区赤坂6-10-12
TEL/FAX： 03-3583-1935
https://www.akasakahikawa.or.jp/

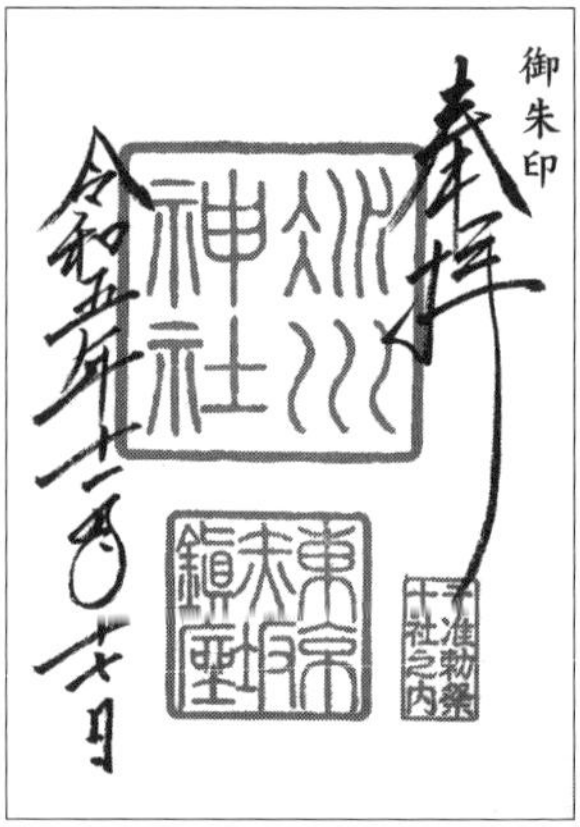

赤坂の地域が開拓されるのは永禄10（1567）年と新しい

赤坂氷川神社は港区赤坂6丁目に鎮座している。

赤坂にはオフィスビルや商業施設が数多く建ち並び、TBSの本社があることでも知られる。

赤坂Bizタワーの前を通るのが一木通りである。大永4（1524）年、小田原北条軍が江戸城攻略に成功した折に、「一ツ木原」で勝どきをあげたという記録がある。ただ、その時点では山林や畑ばかりで、人家もほとんど見られなかったものと推測される。この地域で開拓がはじまるのは、永禄10（1567）年からである。

赤坂の地名がはじめて登場するのは、明暦3（1657）年に発行された地図からである。その名は紀伊国坂に由来するという説がある。紀伊国坂は赤坂見附から四谷方面へ登っていく坂のことで、坂の上に茜草が生えていて、赤根山と呼ばれていた。茜草と呼ばれるのは、根が茜色をしているからで、それで赤根山にのぼる坂が赤坂と呼ばれるようになった。江戸時代の赤坂には武家屋敷や町屋が建ち並んでいた。

赤坂氷川神社のことについては、滝口正哉編『赤坂氷川神社の歴史と文化』（都市出版）に詳しく記されている。ネット上に公開された港区総務部総務課『港区史』の記述内容もほぼ同じなので、ここでは『赤坂氷川神社の歴史と文化』によって神社の由来などについて述べていく。

ただ、赤坂氷川神社の創祀について、その由緒ははっきりしないところがあり、神社としてではなく、観音堂としてはじまったという伝承がある。

寛文２（１６６２）年に、仮名草子作者で浄土真宗の僧侶でもあった浅井了意が著した『江戸名所記』によれば、天暦５（９５１）年、近江国甲賀郡に住んでいた天台宗の僧侶、蓮林が東国修行を行っていた際、一ッ木原で一夜を明かすと、夢のなかに老人が現れ、自分は長らくこのところの地中に埋まっている者で、掘り出して安置すれば、この地の守護神になろうというお告げを下される。

蓮林が付近を探してみると、金色に光るところがあり、そこを掘ると十一面観音像が見つかり、堂舎を建てて安置し、「一木村の観音」と名づけると、多くの参拝者が訪れるようになった。蓮林がどういった僧侶であったのか、他には史料がないように見受けられる。それからおよそ１００年ののち、治暦２（１０６６）年の夏に、関東一円は旱魃《かんばつ》に襲われた。この旱魃についても資料がないのだが、それに苦しんだ村人たちが、赤坂氷川社に雨乞いの祈願をすると、たちまち雨が降り、川ができるほどの雨量に達した。以来神事が執り行われるようになったという。

観音堂がいつ、どのような経緯で赤坂氷川社に変わったかは明らかではない。享保8（1723）年に刊行された石川流宣による『分道江戸大絵図』には、氷川社が描かれており、そこには「小六宮」もあった。現在の旧赤坂小学校の跡地周辺の台地は古呂故や小六と呼ばれていた。

享保年間になると紀州徳川家が赤坂氷川神社を庇護する

赤坂氷川神社について、事実がはっきりしてくるのは江戸時代に入ってからである。

享保元（1716）年、紀州徳川家出身の吉宗が8代将軍職を継いだ。紀州徳川家は、麹町に大名とその家族が住む上屋敷をもうけていたが、そこは少し狭く、赤坂の中屋敷がそれを補っていた。したがって、吉宗もその子で9代将軍となる家重も、一木村の氷川社を自分のところの産土神と認識しており、家重の宮参りも氷川社で行われている。

吉宗は享保14（1729）年、氷川社に対して代々木村に200石の社領と、浅野土佐守邸跡を寄進し、一木村から現在地に氷川社を遷座する。老中水野忠之が総責任者となり、翌15年（1730年）4月26日に社殿の造営が行われた。同月28日には吉宗が直接参拝している。これ以後、14代将軍家茂までの歴代将軍から朱印状が下付された。朱印状は領地を与える際の書状である。

現在の赤坂氷川神社の祭神は、素盞嗚尊、その妻である奇稲田姫命、そして大己貴命である。大己貴命は、神田明神の祭神でもあり、大国主命のことである。

江戸時代においては、この三柱の祭神の本地仏として蓮林が掘り出したとされる十一面観音が位置づけられていた。神体としての三柱の祭神と十一面観音は、「秘尊」とされ、将軍が参拝したときにも公開されなかった。

幕府が寺社に対して、その由来などを報告させた文政10（1827）年の「寺社書上」によれば、氷川社の境内には護摩堂と弁天堂があり、弁天堂に祀られた弁財天像は、新社殿造営の際に江戸城本丸大奥から寄進されたものだという。他に末社として、神明、八幡、春日、鹿島、諏訪、稲荷、庚申が祀られていた。江戸時代には当たり前のことだが、氷川社は神仏が混淆する空間となっていたのである。

そうである以上、氷川社には、その祭祀や管理を行う別当寺院があった。それが大乗院（神留山無動寺大乗院）だった。大乗院は、境内のうち410坪余を占めていた。大乗院は天台宗の系統の本山派修験に属していたが、その本寺が京都の聖護院で、大乗院はその江戸での出張所の役割を果たしていた。配下には45の寺院があったので、かなりの勢力を誇っていたことになる。大乗院は幕末には経営が悪化し、明治に入ると廃寺になってしまい、現存していない。

江戸時代の赤坂氷川神社は、観音霊場の一つでもあったわけだが、明治に時代が変わり、神仏分離が行われると、廃仏毀釈が起こり、十一面観音像は打ち壊される危機に直面した。そこで、神社の側も同意した上で、観音像は、千葉県の野田市にある大師山報恩寺（野田厄除大師）に移された。現在でも同寺に安置されている。

赤坂氷川神社における観音信仰がいかなるものであったのか、必ずしも明確ではない。では、十一面観音を本地仏とする三柱の神々はどういった存在なのだろうか。それについて見ていきたい。

素盞嗚尊を祭神として祀った神社としてもっともよく知られているのは、京都の八坂神社である。その系列にある祇園信仰の神社でも、同様に素盞嗚尊を祭神としている。八坂神社では、奇稲田姫命も祭神として祀っているが、素盞嗚尊と奇稲田姫命との間に産まれた八柱御子神も祀っている。これと比較したとき、赤坂氷川神社では八柱御子神は祀られていない。

三柱の祭神の出自と系統

赤坂氷川神社の祭神に含まれる大己貴命は大国主命のことである。大国主命は、『日本書紀』の本文では素戔嗚尊の子とされるが、『古事記』や『日本書紀』一書では素戔嗚尊の6世の孫、ないしは7世の孫とされている。素戔嗚尊の子とされるのは、素戔嗚尊の娘である須勢理毘売命《すせりびめのみこと》と結婚したからである。その点で、赤坂氷川神社の三柱の祭神は親子の関係にある。ただ、祭神として大きな意味を持っているのは、あくまで素戔嗚尊である。

問題は、この素戔嗚尊という神である。

八坂神社では、明治時代になるまで、祭神は素戔嗚尊ではなかった。祭神は、牛頭天王とその妻、頗梨采女《はりさいじょ》、そしてその子どもたちである八王子だった。牛頭天王については、品川神社のところでもふれたが、由来が不明の神で、疫病を退散するご利益があるとされた。そして、歴史を経るなかで素戔嗚尊と習合した。八坂神社の祭神が牛頭天王から素戔嗚尊に改められるのも、そのためだった。

このことからすれば、赤坂氷川神社でも、明治以前は、つまりは氷川社の時代には、素戔嗚尊ではなく、牛頭天王が祭神だった可能性が浮上する。しかし、そうしたことは伝えられていない。品川神社の場合には、北の天王社と呼ばれていたわけだが、氷川社が天王社と呼ばれていたわけではない。

その理由は、素盞嗚尊を祀る神社には、もう一つ別の系統があるからである。それが、大宮氷川神社と、それに連なる氷川神社の系統である。赤坂氷川神社も、その名前からして、そちらの系統に属しているものと考えられる。

つまり、素盞嗚尊を祀る神社は、かつて牛頭天王を祀っていた八坂神社の系統と、氷川神社の系統の二つに分かれるわけである。

氷川神社の総本社となる大宮氷川神社の社伝によれば、この神社は第5代の孝昭天皇の3年4月未の日に創建され、第12代の景行天皇の時代、日本武尊が東夷鎮定の祈願をしたとされている。孝昭天皇も景行天皇も、さらに日本武尊も実在したことが証明されてはいない神話上の人物である。

日本武尊は名高い神話のなかの英雄である。

その物語は『古事記』と『日本書紀』につづられているが、語られ方は異なる。『日本書紀』では、父である天皇の命令に従って各地を征服していく父に忠実な英雄として描かれるが、『古事記』では、その暴力性によって父天皇に疎まれ、死ねとばかりに各地に追いやられた悲劇的な存在として描かれている。

ただ、日本武尊は大宮氷川神社の創建にはかかわっておらず、祭神とされているわけでもない。大宮氷川神社には、もともとはヒカワという神が鎮座していた。ヒカワという名は出雲国の簸川からきているのではないかという説がある。この説が重要になってくるのは、素盞嗚尊が八岐大蛇を退治した舞台が簸川とされていることである。

素盞嗚尊は、高天原で乱暴狼藉を働いたため、八百万の神々の協議の結果、高天原を追放されてしまう。その際には、財物を納め、髭を切り、手足の爪を抜かれる。刑罰を下されたわけである。

そして、出雲国の簸川の上流にある鳥髪《とりかみ》という地に降り立つ。ここで出雲国との関係が生まれる。すると箸が川上から流れてきた。そこで素盞嗚尊が川上に向かうと、老夫と老女がいて、娘を挟んで泣いていた。

素盞嗚尊が泣いている理由を問うと、娘の名は奇稲田姫命だと判明する。高志というところから毎年八岐大蛇がやってきて、娘を一人食べてしまうのだが、今年は奇稲田姫命に順番がまわってきたので泣いているという答えが返ってきた。娘が人身御供とされる慣習があったわけである。

そこで素盞嗚尊は、姫と結婚することを条件に、八岐大蛇を退治することを約束する。素盞嗚尊は、奇稲田姫命をその名、クシが示すように櫛に変え、頭に挿すと、強い酒を用意させ、それを八つの酒船に注がせる。
するとと八岐大蛇は、八つある頭がそれぞれの酒船から酒を飲み、酔いつぶれてしまう。そこですかさず素盞嗚尊は、帯びていた十拳剣で八岐大蛇を切り刻んでしまう。そして、八岐大蛇の尾を切ると、太刀が出てきたので、事情を天照大神に告げ、それを献上した。それが、三種の神器の一つとなる草薙の大刀であった。これが八岐大蛇にまつわる物語だが、問題は、八岐大蛇が何を象徴しているかである。

八岐大蛇は大水による洪水の象徴ではないか!?

日本には、古来から八岐大蛇のような大蛇を龍神として祀る信仰があるが、それは水、さらに言えば、大水による洪水を象徴している。その点からすると、素盞嗚尊は、洪水を治めた英雄であったととらえられる。

大宮氷川神社のある北関東では、利根川や荒川が流れており、江戸時代に治水工事が行われるようになるまで、絶えず洪水を引き起こしてきた。それをいかに鎮めるかということで、大宮氷川神社に八岐大蛇、つまりは洪水を治めた素盞嗚尊が祀られるようになったと考えられるのである。

赤坂氷川神社に対して、旱魃の際に雨乞い祈願が行われたという話についてはすでに述べたが、そこでは龍神信仰との関連が考えられる。

氷川神社という名前を聞いたとしても、地域によって受ける印象は異なる。埼玉県と東京都を中心とした地域では、どこにでもあるなじみの神社だが、そこを離れると、その存在はほとんど知られていない。氷川神社が祀られた地域はかなり限られているからで、その点が全国に広がった八坂神社の信仰とは大きく異なっている。

神社界の総元締めとなる神社本庁のデータによれば、氷川と名のつく神社は全国に261社ある。そのうち埼玉県に162社あり、東京都にも68社があるが、それに次ぐのが福井県の12社である。それ以外の地域になると極端に少なく、茨城県、栃木県、神奈川県、山梨県、島根県にそれぞれ2社しかない。北海道、千葉県、長崎県、鹿児島県は1社のみである。地域的な片寄りが激しいわけだが、福井県を除くと、埼玉県と東京都に集中している。

『赤坂氷川神社の歴史と文化』では、その理由を、出雲地方に発する出雲氏が古代に武蔵国造となり、武蔵国東部へ移住しその開発を行ったことと重なるとする。

彼らは、農業用水となる荒川から大きな恩恵を受けたが、一方で、水害にも悩まされた。そこで、荒川を出雲の簸川に見立て、治水を目的として流域の集落に氷川神社を勧請したのではないかというのである。幕府にとって、治水事業は極めて重要であった。そうしたことが、徳川将軍家が赤坂の氷川神社を重視することに結びついたのではないだろうか。

江戸時代中期に記された作者不明の『望海毎談』では、「江戸七氷川」という形で、江戸の人々の信仰を集めた七つの氷川神社が紹介されている。そのなかには、赤坂氷川神社の他に、現在の麻布氷川神社や渋谷氷川神社が含まれている。

このように赤坂氷川神社は、水の神、龍神信仰とのかかわりが強いのだが、その例大祭である「赤坂氷川祭」については、祇園信仰との関連が考えられる。

現在の赤坂氷川祭は9月15日から17日にかけて行われるが、江戸時代には旧暦の6月15日、丑・卯・巳・未・酉・亥年に開かれていた。旧暦の6月15日は、現在では7月にあたるわけで、それは、高温多湿で疫病が発生しやすい時期になる。

その点で、赤坂氷川祭には、八坂神社の祇園祭のように疫病を鎮めることが期待されていたことになる。

江戸時代の江戸の祭としては、天下祭とされた神田祭と山王祭が名高いが、最盛期の赤坂氷川祭は、それに準じる規模のものだった。『諸国御祭禮番附』（徳川林政史研究所蔵）では、東では、山王祭、神田祭、水戸祭の次に赤坂氷川祭が位置づけられている。また、江戸時代後期の『東都歳時記』には、赤坂氷川祭について「山王権現、神田明神に続し大祭祀なり」と記されている。

一度は途絶えた赤坂氷川祭が平成に復活する

祭の当日には、神社周辺は通行が禁止され、宮神輿2基、江戸型山車13本、さらには附祭と呼ばれる余興として練り物や仮装行列が続いた。こうした祭のあり方は、かつての神田祭や山王祭と同様である。赤坂氷川神社に明治の終わりに奉納された『祭礼山車行列額絵』には、14本の山車が巡行する様子が描かれている。

この山車には特徴がある。それは「江戸型山車」と呼ばれるもので、将軍の上覧をあおぐため江戸城内に入ることになるのだが、城門を通る際、ぶつからないよう、最上部の人形が上下する仕組みになっていた。江戸城に入れるのも二つの天下祭と共通する。

ところが、明治時代になると、徳川幕府という後ろ盾が失われ、氏子が祭の費用を分担しなければならなくなったため、祭の規模は縮小された。しかも、そこに震災や戦災の影響も加わり、大正時代になると山車が出ることはなくなる。神輿についても1基は譲渡されてしまい、もう1基は東京大空襲で焼失してしまった。

しかし、神社裏手の倉庫には、山車の一部が残されていた。これによって山車の復元が行われ、平成19（2007）年、山車が100年ぶりに復活した。それ以降、2年に一度、山車1本ないしは2本と神輿15基が連合を組み、氏子町内を練り歩くようになった。これは、神田祭や山王祭では未だに実現されていないことである。

残されている山車人形は全部で9体で、歌舞伎の9代目市川團十郎の舞い姿である「猩々」、山王祭にならった神の使い「猿」、江戸時代の名工、松雲斎徳山作の「翁」、八幡太郎義家の父を描いた「頼義」、昭和初年に造られた「恵比寿」、大正天皇即位を記念して製作された「神武天皇」、江戸時代の雛人形の名工桃柳軒玉山（人形師孫平）製作の「頼朝」、2体の人形を配置した「翁二人立」、そして嘉永6（1859）年に製作された「日本武尊」である。

なお、頼義と猿は境内の赤坂氷川祭展示場で、翁は東京メトロの赤坂見附駅近くにある国際医療福祉大学で常時展示されている。

現在の赤坂氷川神社の社殿は、享保15年に建てられたものが、震災や戦災を免れ、そのまま今日に伝えられている。これはかなり貴重なことである。社殿は、本殿、幣殿、拝殿が一体になった権現造である。ただ、創建当時の幕府は財政難で、日光東照宮などとは異なり、かなり質素な社殿になっている。

境内に鎮座する歴史ある建造物

神社の境内にある古いものとしては、三の鳥居の脇にある狛犬が弘化3（1846）年に奉納されたものである。さらに中門脇の狛犬になると、延宝3（1675）年6月に奉納されたものである。都内最古の狛犬は、承応3（1654）年に目黒不動尊（泰叡山護國院瀧泉寺）に奉納されたもので、これはそれに次ぐ。また、中門前の石灯籠は水野忠之が社殿の完成を記念して享保9（1724）年に奉納したものである。

一の鳥居から社殿へと続く参道の右側には大銀杏があるが、これは、赤坂氷川神社が創建される前からあり、樹齢400年に達するとされる。

末社としては、四合《しあわせ》稲荷、西行稲荷、桶新《おけしん》稲荷、山口稲荷と4社を数え、他に九神社がある。どこの神社でも稲荷が祀られているが、それにしても数が多い。

四合稲荷は、神社近くに鎮座していた古呂故《ころこ》稲荷、地頭稲荷、本氷川稲荷、玉川稲荷を合祀したもので、勝海舟が名付けたとされる。その後、鈴降稲荷、縁起稲荷、明徳稲荷も合祀されている。

西行稲荷は、著名な歌人、西行法師に由来するというわけではなく、赤坂田町5丁目に住んでいた西行五兵衛という男が、同町４丁目に創建したものを遷したもので、火伏の稲荷として信仰されてきた。

桶新稲荷は、赤坂５丁目にあった桶屋から遷されたもので、山口稲荷は赤坂３丁目の山口邸から遷されたものである。

九神社は、境内各所に鎮座していた天祖神社、春日神社、鹿島神社、八幡神社、諏訪神社、秋葉神社、厳島神社、金刀比羅神社、塞神社の９社を合祀したものである。すでに、「寺社書上」にあった神明、八幡、春日、鹿島、諏訪、稲荷、庚申の各社についてはふれたが、天祖神社は天照大神を祀るということで神明と重なるし、塞神社は根津神社でもふれたように、庚申信仰と重なる。

社殿が残されているため、江戸時代に遡る文化財もいくつか所蔵されている。吉宗による朱印状や社領２００石の配分を定めた配当目録、棟札、櫓太鼓、神馬と獅子の額絵などである。

最近活動を休止した演歌歌手の氷川きよしの芸名は、赤坂氷川神社に由来する。彼の所属するプロダクションが、神社のある赤坂６丁目にあったからである。

十

芝大神宮

東京十社が秘めた物語

基本データ

芝大神宮

105-0012　東京都港区芝大門1-12-7
TEL/FAX：03-3431-4802
https://www.shibadaijingu.com

祭神に天照大神と豊受大神。相殿に源頼朝と徳川家康を祀る

芝大神宮は港区芝大門1丁目に鎮座している。

「大神宮」という名称は、以前はもっぱら伊勢神宮をさして用いられた。現在の伊勢神宮の正式な名称は「宗教法人神宮」だが、神宮と呼ばれる神社は他にもあり、伊勢をさして大神宮が多く用いられた。

伊勢神宮の祭神は、皇大神宮、つまりは内宮が天照大御神（天照大神）で、豊受大神宮、外宮が豊受大御神（豊受大神）である。

天照大神は皇祖神として知られるが、外宮の方が創建は新しい。伝承では、天照大神の要請で、その食事を司るため、豊受大神が祀られるようになったという。芝大神宮の祭神も、天照大神と豊受大神である。そして、相殿に源頼朝と徳川家康を祀っている。この二人が、芝大神宮と深くかかわっているからである。

天照大神を祀る神社は、一般に、神明社、神明宮、皇大神社などと呼ばれる。芝大神宮も、「芝神明」と呼ばれることが多く、「関東のお伊勢さま（さん）」と呼ばれることもある。

芝大神宮のサイトでは、鎮座したのは平安時代の寛弘2（1005）年、一条天皇の時代であったとする。古くは、「飯倉神明宮」や「芝神明宮」と呼ばれ、鎌倉時代には、源頼朝から篤く信仰され、社地の寄贈を受けた。江戸時代になると、今度は徳川幕府によって保護され、社頭はにぎわい、江戸の大産土神として関東一円の庶民信仰を集めたという。

このように、芝大神宮のサイトでは、その由緒は簡単にしか述べられていないのだが、江戸時代の『江戸名所図会』になると、飯倉神明宮として登場し、その説明はもう少し詳しくなっている。

飯倉神明宮は増上寺の東の方、神明町にあった。『江戸名所記』などでは、「日比谷神明」とあり、俗に芝神明と称した。かつてあった場所は増上寺境内にある飯倉天神の社地であるとも言われるが、赤羽の南、小山神明宮の地だとも言う。ここで言われる赤羽は、芝赤羽町（現在の三田1丁目）のことである。芝大神宮がかつてあった場所については、必ずしもはっきりしていない。

芝大神宮の社記には、寛弘2年創建と記されている。頼朝は、建久4（1193）年、下野国那須野の原での狩猟の際に、芝大神宮の神殿に宝剣一振を納め、1300余貫の美田を寄附した。それで芝大神宮は繁昌するようになるが、明応4（1495）年、北条早雲が小田原の城主大森実頼を亡ぼし、神領を掠《かす》めとったため荒廃してしまう。

その後、天正年間（1573〜91年）に至り、「忝《かたじけな》くも台命《たいめい》によって、当社の廃《すた》れたるを興したまひ」とある。「台命」とは、将軍や皇族など高貴な人物の命令を意味するが、まだこの時代、徳川家康は征夷大将軍に就任しておらず、再興したのは織田信長や豊臣秀吉のことなのだろうか。ただ、信長も秀吉も、江戸の地に強い関心を持っていたとは思えない。

誰の命令なのか定かではないが、神領若干が与えられ、江戸時代に入った寛永11（1634）年になると、神殿が修復され、社頭は元の姿を取り戻した。『江戸名所図会』では、そのありさまを「依って神燈の光りは赫々として、和光の月になぞらへ、利物《りもつ》（一切衆生のために利益を垂れ給うこと）の花ぶさは匂ひ深くして、神威昔に倍せり」と評している。和光とは穏やかな威光のことだろう。

社伝によれば寛弘2（1005）年の創建

昭和17（1942）年に刊行された芝大神宮社務所『芝大神宮誌』になると、さらに詳しく創建の経緯が述べられている。

まず寛弘2（1005）年の創建については、その年の9月16日、天から神幣と大牙《たいが》が降り、村人は神明の天降った証拠ととらえ、それを奉ったという。大牙は天子や大将の旗のことで、神明は天照大神のご神体のことである。

すると、幼い娘がそこにやって来て神憑《かみが》りした。自らは伊勢神宮の内宮と外宮の神で、これから東国で戦があるので、常陸国鹿島に天降って、その軍を退治し、帰るが、この地に自らを祀り、相模国の藤原姓西東氏を呼び寄せて、神職にせよというのである。西東氏は、後にも述べるが、明治以前は芝大神宮の神職をつとめていた。

『芝大神宮誌』は、この話について述べた後、「御厨《みくりや》」のことにふれている。御厨とは神領のことで、伊勢神宮をはじめ、石清水八幡宮など大規模な神社に設けられた。

その一つが「飯倉御厨」で、御厨にはそこを神領とした神社の分社が勧請されるので、伊勢神宮の祭神が祀られた。頼朝が寄進したのは、この飯倉御厨だというのである。しかし、飯倉御厨はかなり広い地域にわたっており、分社がどこに設けられたかは定かではない。

ただ、創建されて以降の芝大神宮が現在地になかったことはたしかで、元は現在の増上寺にある飯倉山に鎮座していた。飯倉山は芝丸山古墳のことである。ところが、慶長3（1598）年に、貝塚（現在の麹町紀尾井町周辺）から一旦は日比谷へ移されていた増上寺が、江戸城の拡張工事にともなって芝へ移されたため、芝大神宮は現在地に遷座された。

現在地にもともと鎮座していた飯倉天神については、長禄年間に宇田川氏が創建したことにはじまる。慶長年間に増上寺の12世観智国師がそれを鎮守とし、その当時は増上寺の境内にあった東照宮、現在の芝公園内の芝東照宮の東南の地に遷された。ところが、明治の神仏分離によって破却され、やはり現在の芝公園内にある幸稲荷に遷座されたという。

芝大神宮はなぜ日比谷神明と呼ばれたかの謎を解く

芝大神宮については、一つ謎がある。それは、なぜ日比谷神明と呼ばれていたのかということである。

これについて、『芝大神宮誌』では、検討を加えている。

一つは、飯倉一帯もかつては日比谷のなかに含まれていた可能性である。だが、芝と日比谷ではかなり距離が離れている。そこで、もう一つ、かつては日比谷に鎮座していた可能性も示されている。ただし、この点についてははっきりしないとしており、結論を出すことは難しい。

初代安藤広重の浮世絵に『江戸名所百景』というシリーズがある。百景とはされているものの、数が１００を超えてしまった。そこで超えた絵については『江戸百景余興』とされた。その一枚に「芝神明増上寺」がある。

この絵では、左奥に増上寺の大門が描かれ、そこから寺を出て托鉢に赴く僧侶たちの集団が描かれている。増上寺の僧侶たちは必ず七つ時（午後4時頃）に托鉢に出たため、「七つ坊主」と呼ばれた。

その坊主の集団の前には、旅姿の一団が描かれている。これは、江戸の住人たちではなく、地方からの旅人と考えられる。そして、画面の右側には、芝大神宮の社殿が描かれている。

なぜ広重が、旅姿の集団の姿を描いたのか、その理由を知りたいところである。というのも、他の『江戸名所百景』に登場するのは、ほとんどが江戸に住む庶民だからである。ただ、この絵には、芝大神宮と増上寺との密接な関係が示されていると見ることもできる。増上寺は、江戸時代になってから、徳川将軍家の菩提寺となった。上野の寛永寺も徳川家の菩提寺だがこちらは天台宗で、寛永寺は浄土宗である。

寛永寺が菩提寺となったのは、徳川家康のアドバイザーとなった天海の存在が大きいと考えられるが、増上寺については、増上寺の12世となった源《げん》誉《よ》存応《ぞんのう》との関係があったからだった。

家康が増上寺を通りかかったとき、たまたま源誉と出会い、その教えに感銘を受けたという話も伝わっている。これは伝説だろうが、増上寺が芝へ移転させられたのは、寛永寺を江戸城の北東の方角、鬼門に配し、増上寺を南西の裏鬼門に配するためだったと考えられる。

芝大神宮が増上寺に隣接していたことで、その重要性が高まり、江戸時代においては、芝大神宮の修復などが行われる際、その費用はすべて幕府がまかなった。増上寺に隣接していることが、芝大神宮の地位を高めることに貢献したのである。

ただし、芝大神宮の別当となったのは、臨海山遍照寺金剛院で、こちらはもともとは比叡山の末寺だった。ただし、上野に寛永寺が建立されてからは、そちらの末寺になった。こちらは、明治に時代が変わって破却されてしまっており、現存しない。

芝大神宮の管理は、江戸時代においては金剛院の僧侶が中心に担ったが、神職としてすでに述べた西東氏があった。

鎌倉時代になる頃、西東氏には別家が設けられ二家となったが、別家の方が途絶え、品川神社の小泉氏がその後を継いだ。したがって、西東氏と小泉氏が神職をつとめる体制が続いたが、これも明治になると神官の世襲が廃止されたため、その伝統は途絶えることとなった。

江戸時代になると、庶民のあいだに神仏への信仰が広まった。それまで、信仰活動に熱心だったのは、社会の上層階級であり、朝廷や貴族、それに武家だった。彼らは、社寺の建立や修復に熱心で、徳川将軍家もその伝統を引き継いだ。

さらに、戦国時代に終わりがもたらされ、社会秩序が安定を見せると、一般の庶民であっても、安全に旅ができるようになった。参勤交代という制度のこともあり、全国的に交通網が整備されたことが大きい。東海道には五十三次と呼ばれるように、宿場町が形成され、旅人に便宜がはかられるようになった。

一般庶民のあいだにも社寺参詣が盛んになる

また、江戸時代には寺請制度が設けられ、旅に出る際には菩提寺から許可を得る必要があった。ところが、社寺の参詣については寛容で、旅行のための手形を得ることが容易だった。そこで、一般の庶民も社寺参詣を理由に遠出するようになり、もっとも人気が高かったのが、伊勢神宮に詣でる伊勢参りだった。

「伊勢参宮太神宮へもちょっと寄り」という川柳に示されているように、伊勢神宮に詣でることは口実だった面がある。伊勢には古市という遊郭も生まれ、人々はそこに赴くことに期待を掛けた。さらに、伊勢参りの後、京大坂へ足を伸ばすような人間たちも少なくなかった。そうなるとかなりの大旅行になった。

庶民がそう何度も伊勢参りできなかったのも事実で、誰かが代表になって参拝する「代参」も行われた。その延長線上に犬に代参させることさえ行われた。沿道の人々は、犬を代参させれば自分たちにも功徳になると、その犬が無事に伊勢神宮にたどりつき、戻れるよう、通行を助けたのである。

芝大神宮もまた、伊勢神宮と祭神を同じくするということで、代参の対象になり、それで多くの人が訪れた。広重の浮世絵にある旅姿の人々は、あるいは芝大神宮に代参したばかりの光景だったのかもしれない。

明治に時代が変わると、神仏分離が行われ、それに伴って廃仏毀釈の嵐が吹き荒れることになり、仏教界は痛手を被ることになるが、皇室の祖神を祀る芝大神宮の存在はより重要性を増した。『芝大神宮誌』によれば、明治初年、芝大神宮は「府内三大社」の一つとして、皇室の崇敬を受けたという。この府内三大社とは、大宮氷川神社と赤坂日枝神社、それに芝大神宮である。

具体的なこととしては、明治元（１８６８）年に、当時京都にいた明治天皇が東京に行幸した際、三種の神器を安置する内侍所として芝大神宮で小休止している。天皇はそのまま江戸にとどまることになり、京都には戻らなかった。

ただ、明治以降、天皇が伊勢神宮への代参として芝大神宮に参拝するようなことにはならなかった。実は、代々の天皇は明治の時代になるまで、誰一人として伊勢神宮に行幸してはいない。

代わりに伊勢神宮の近くには斎宮がおかれ、天皇家に生まれた内親王や女王《じょおう》が斎王として伊勢神宮に仕えた。代々の天皇のなかで、はじめて伊勢神宮を参拝したのが、即位したばかりの明治天皇だった。明治２（１８６９）年のことである。これ以降の天皇は、今日に至るまでくり返し伊勢神宮に参拝している。

なぜ代々の天皇が伊勢神宮に参拝しなかったのか、その理由を知りたいとは思うが、はっきりとした説明はなされていない。ただ、伊勢神宮が創建されるまでの過程について述べた伝承では、天照大神には祟る神としての性格があり、天皇は直接の接触を恐れたのかもしれない。その点で、斎王は人身御供であった可能性が考えられる。

今に至るまで社殿はたびたび消失し再建される

芝大神宮の社殿は、伊勢神宮にならった神明造である。江戸時代にはたびたび火に見舞われ、そのたびに再建されているが、明治時代になっても、明治9（1876）年に火災により焼失している。その後、再建されたが、関東大震災や東京大空襲でも焼失し、戦後の昭和22（1947）年に再建された。現在の社殿は、昭和39（1964）年に再造営されたものである。現在の芝大神宮の境内はそれほど広いものではない。

現在の芝大神宮の大きな特徴としては、境内のなかに摂末社がまったくないことがあげられる。たいがいの神社には、稲荷神社が祀られており、他にもさまざまな祭神が小祠に祀られている。ところが、芝大神宮にはそれがまったくないのだ。

ただ、これは近代になってからのことで、本殿への合祀が続けられてきた。それまでは、芝大神宮でも多くの摂末社が祀られていた。

摂社としては、住吉大明神があった（表記は『芝大神宮誌』による）。これは、住吉三神と相殿に柿本人麻呂を祀るもので、頼朝が御厨を寄進した際、そこにあった泉の守護神にしたものだという。

江戸時代になり、3代将軍家光が鷹狩りに赴いた折、目にゴミが入って難儀していたところ、この泉の水で目を洗ったら治ったとされ、庶民のあいだでは、眼病平癒の功徳があるとされた。

『古事記』や『日本書紀』を見ればわかるが、天照大神と住吉三神との関係は深い。仲哀天皇の事績に示されたように、住吉三神が天照大神の意志を伝える役割を果たしたとも伝えられている。その点で、芝大神宮において、住吉大明神が摂社となっていたのは必然的なことである。

末社としては、春日社、熊野社、祇園社、恵比寿社、八幡宮社、稲荷神社、諏訪神社、天満宮社、弁天社、淡島神社、宝禄稲荷社、柴井稲荷社、氷川神社、宇田川稲荷社、小白稲荷神社、福寿稲荷神社、龍蛇社があった。

春日社や恵比寿社、八幡宮社、天満宮社などは、建久4年の頼朝による勧請とされるが、江戸時代に創建されたものもあるし、後半にあげた稲荷神社の場合には、付近にあったものが芝大神宮に遷されたものである。現在は、摂末社の祭神はすべて本殿に合祀されており、境内には鎮座していない。

かつての例大祭には神輿や山車はなかった

芝大神宮の例大祭は9月16日を中心として開催されるが、前後10日にも及び、ひどく長いため、「だらだら祭」とも称されている。

現在では、神輿の渡御が中心で、神輿が氏子町内を神幸することになるが、江戸時代には渡御は行われていなかった。『江戸名所図会』には、「飯倉神明宮祭礼」というものがあるが、境内に多くの人たちが集まっている光景が描かれているだけである。神輿が出たり、山車が出たりすることはなかったのだ。

芝大神宮に所蔵された「神明宮御臨幸全図」というものがあるが、こちらは明治2年の神幸祭の状況を描いたもので、そこには神輿渡御の様子が描かれている。

かつて祭の際に授与されていたものとして、「千木筥」があり、境内にはこれを売る店がいくつも出ていた。千木筥は、藤の花を描いた曲物を三段に重ね、荒縄でまとめたもので、なかに小豆が入っていて、振ると音がする。

神社の社殿の屋根にある千木から作られたという説もあるが、千木が「千着」、つまりたくさんの着物に通じることから、着物が増えるご利益があるとされた。着物が増えるのは良縁に恵まれたということであり、千木筥は良縁をもたらすとされてきた。これは現在、神社から授与される。

もう一つ、祭の際に今日でも授与されているのが生姜である。神社のある地域では、かつて生姜が栽培されていて、市が立ち、生姜が販売されていたという。現在では、葉先に細工を施した葉生姜が「御前生姜」として授与される。このことから、芝大神宮の祭は、「生姜祭」とも呼ばれ、境内には「生姜塚」がある。

芝大神宮を舞台とした有名な歌舞伎の演目に『め組の喧嘩』がある。これは、文化2（1805）年2月に芝大神宮で実際に起こった鳶と相撲との喧嘩を劇化したもので、作者は竹芝其水である。

「火事と喧嘩は江戸の華」と言われたように、歌舞伎の演目には、火事や喧嘩を扱ったものが少なくない。『め組の喧嘩』では、鳶と相撲のあいだで派手な喧嘩がくり広げられ、その点で、人気の演目になっている。

主役は鳶の辰五郎だが、これを演じる役者は、その前に芝大神宮を訪れ成功を祈願する。

他に、芝大神宮の珍しい祭としては、10月17日の「貯金祭」と2月の節分の際の「半鐘祭」がある。

貯金祭は戦後になって生まれたもので、近隣にかつて「貯金王」と呼ばれた牧野元次郎が住んでいたことに由来する。牧野が発足させたのが不動貯金銀行で、これは現在のりそな銀行のもとになっている。

その牧野を顕彰するために、芝大神宮の境内に「貯金塚」が建立された。昭和32（1957）年のことで、碑文は作家の武者小路実篤の筆になるもので、「根気根気何事も根気」と刻まれている。いかにも実篤らしいことばである。

半鐘祭は、『め組の喧嘩』にまつわるものである。祭の当日は、め組衆が参詣して執行される。

文化2年の喧嘩の際には半鐘が鳴り響いたことで、町火消しまで集まり、それで騒ぎが大きくなった。ところが町奉行は、なるだけ多くの人間の罪を問わないですむように、半鐘が勝手に鳴り出したのが原因だとして、その責任を半鐘になすりつけ、なんと半鐘を島流しにしてしまった。その半鐘が明治初年に芝大神宮に戻されたことで、半鐘祭が生まれたのだった。

おわりに

「東京十社」に含まれるそれぞれの神社は、ここまで見てきたように、創建の由来は必ずしも明らかではないものの、江戸時代に入ると、その存在感を示すようになり、江戸庶民の信仰を集めるようになる。

どの神社も徳川将軍家とのかかわりが深く、江戸幕府に支えられることで、造宮や修復がなされ、発展をとげてきた。それは、祭礼についても言えることで、「天下祭」と言われた神田祭と山王祭は、江戸城にまで神輿や山車が入り、将軍の上覧に与かった。氷川神社の赤坂氷川祭も、それに準じる扱いを受けた。

芝大神宮のところでもふれたように、「火事と喧嘩は江戸の華」とも言われたが、大規模な祭もまた、江戸の華と言うべきものであった。天下祭の場合にも、現在とは違い、京都の祇園祭に匹敵するような山車が出て、賑わった。神輿の巡行がもたらす興奮は、担ぎ手だけではなく、観客をも巻き込んでいく。氏子町の人々のなかには、一年に一度、あるいは二年に一度訪れる祭をこの上ない楽しみとしている人々も数多く存在する。

フランスの宗教社会学者であるエミール・デュルケムは、祭のもたらす熱狂的な状況のなかに宗教の起源を求めようとしたが、神輿の渡御に酒が入れば、氏子の熱狂は頂点に達していく。それによって日頃の憂さを晴らすのだが、同時に、氏子町という地域共同体の結束がはかられることになる。それは、東京という大都市の平安を維持するには不可欠のことである。

東京十社めぐりをする際には、こうした祭の存在を念頭においておく方がいい。そこに、それぞれの神社の個性が示されるからである。なかには花を中心とした祭もあるが、その際には、神社の景色も一変する。

もう一つ、東京十社めぐりをする際に注目してほしいのが、それぞれの神社の祭神についてである。

神社には必ず祭神が祀られているわけだが、祭神にはいくつかの系列がある。その系列については、拙著『なぜ八幡神社が日本でいちばん多いのか』（幻冬舎新書）でふれたが、東京十社のそれぞれの祭神がどの系列に属しているのかを考えてみると興味深い。

日本で神社としてはもっとも多い八幡神の系列に属するのが富岡八幡宮であり、それに次ぐ天神だと亀戸天神社になる。稲荷神の系列に属するものは東京十社にはないが、摂社として稲荷神社を祀っているところは少なくない。

日本の神は「八百万の神々」と呼ばれるように、その数は多い。神々のなかには、『古事記』や『日本書紀』の神話に登場するものもあるが、八幡神や天神になると、神話には出てこない。しかし、そうした神々を祀る神社は多いし有力なものが少なくない。祭神という角度から東京十社を見直してみると、さらに興味がわくのではないだろうか。

現在の神社は、それぞれが宗教法人の形をとっている。宗教法人は民間の法人であり、政教分離の原則があるため、国や地方自治体からの経済的な援助を受けることができない。神社界の総元締めとして神社本庁があり、本庁という呼称から、国の機関であるかのような印象を受けるかもしれないが、これも民間の法人である。

民間の法人であるということは、それぞれの神社を信仰する氏子が経済的に支えなければ成り立たないことを意味する。神社のなかには、周辺に土地を持ち、その土地からあがる収入で維持されているところもあるが、明治に時代が変わる際に、「上知令」によって、かなりの土地を国に奪われている。

明治政府は、有力な神社については経済的な援助を行い、神職は公務員として俸給を支払われるようになるが、江戸幕府のように、造営や修復の費用を丸抱えするようなことはなかった。

戦後になると、国の援助はまったくなくなったわけで、それぞれの神社は経済的な努力を求められるようになった。神社をめぐってみると、それぞれ維持のために努力を重ねていることもわかってくる。東京十社めぐりが推奨されるのも、その点が深くかかわっている。少しでも認知度を高めたい。私たちは、その点について理解した上で神社めぐりをする必要があるだろう。

これは私事になるが、東京十社が准勅祭社と定められた11月8日は私の誕生日である。こうした本を書くことになった縁を感じる。

島田裕巳

2024年2月

島田裕巳（しまだひろみ）

1953年、東京都生まれ。作家、宗教学者、東京通信大学非常勤講師。

1976年、東京大学文学部宗教学宗教史学専修課程卒業。1984年、同大学大学院人文科学研究科博士課程修了（宗教学専攻）。日本女子大学教授、東京大学先端科学技術研究センター特任研究員などを歴任。著書に『葬式消滅 お墓も戒名もいらない』（G.B.）、『自然葬のススメ』（徳間書店）、『葬式は、要らない』（幻冬舎）、『人間革命の読み方』（KKベストセラーズ）、『宗教は嘘だらけ』（朝日新聞出版）などがある。

STAFF

編　集　　西垣成雄
編集協力　　宮崎守正、田中智沙
本文デザイン　　山口喜秀（Q.design）
カバーデザイン　　別府 拓（Q.design）
校　正　　東京出版サービスセンター
営　業　　峯尾良久、長谷川みを、出口圭美

東京十社が秘めた物語

初版発行　2024年3月28日

著者　島田裕巳

編集発行人　坂尾昌昭
発行所　株式会社G.B.
〒102-0072　東京都千代田区飯田橋4-1-5
電話　03-3221-8013（営業・編集）
FAX　03-3221-8814（ご注文）
URL　https://www.gbnet.co.jp
印刷所　株式会社光邦

ISBN 978-4-910428-42-0

感想を
お聞かせください！